Elizabeth C. Prophet & Mark L. Prophet

Das Kronenchakra aktivieren

Weisheitslehren der Meister

DAS KRONENCHAKRA AKTIVIEREN

Elizabeth Clare Prophet
und Mark L. Prophet

Aus dem Englischen von Andrea Fischer

SILBERSCHNUR VERLAG

MIX
Papier aus verantwortungsvollen Quellen
FSC www.fsc.org FSC® C014138

Dieses Buch wurde ursprünglich auf Englisch als Teil des Werkes *Meeting the Masters* herausgegeben und in den USA publiziert.

Originaltitel: Sacred Adventure Series 2: Meeting the Masters, Chapter 4, »The Brilliance of Divine Wisdom«, by Elizabeth Clare Prophet and Mark L. Prophet with Summit University Staff.

Summit University Press, 63 Summit Way, Gardiner, Montana 59030 U.S.A.
Tel: +1-406-848-9500 · Fax: +1-406-848-9555
www.SummitUniversityPress.com · E-Mail: Info@SummitUniversityPress.com

ISBN: 978-3-89845-389-9

1. Auflage 2013

Übersetzung: Andrea Fischer
Gestaltung: XPresentation, Güllesheim;
unter Verwendung des Motivs #32417981, www.fotolia.com
Druck: Finidr, s.r.o. Cesky Tesin

Verlag »Die Silberschnur« GmbH · Steinstraße 1 · 56593 Güllesheim
www.silberschnur.de · E-Mail: info@silberschnur.de

Inhaltsangabe

1.

Die Weisheitslehren der Meister: Die goldenen Schätze der Erleuchtung

Das brillante Licht des zweiten Strahls erleuchtet unseren Pfad, während wir daran arbeiten, das Licht des Kronenchakras - das der Kelch für den Geist Gottes in uns ist - zu verstärken. Sobald unser Geist vollständig in den Geist des Höheren Selbst umgewandelt ist, können wir zu einem Katalysator werden und ein ganzes Volk, eine Nation oder gar den gesamten Planeten erleuchten. Jesus Christus, Gautama Buddha, Lord Krishna und andere Avatare vergangener Zeiten sind Beispiele

dafür, was ein einzelner erleuchteter Mensch für die Welt leisten kann.

Der Apostel Paul sagte: “Ein jeglicher sei gesinnt, wie Jesus Christus auch war.”[1] Seine Worte machen nur allzu deutlich, dass es jedem Menschen möglich ist, den Geist Gottes zu erlangen. Das Christusselbst[2] ist nicht allein für Avatare reserviert. Jeder von uns besitzt ein Christusselbst und hat auch das Potenzial, die Vereinigung mit dem Göttlichen zu erreichen. Die Fähigkeit, machtvolle konstruktive Veränderungen herbeizuführen, entsteht, wenn man das Christusselbst verinnerlicht hat, das es dem Christusgeist ermöglicht, auf dem zweiten Strahl erleuchtetes Handeln zu manifestieren. Unsere Aufgabe ist es, jedes Gefühl der Begrenzung aus dem Weg zu räumen, das uns daran hindern könnte, an das Christuspotenzial zu glauben und dieses zu verwirklichen. Wenn wir erkennen, dass die Kraft der Veränderung in uns selbst liegt, können wir Schritte unternehmen, um die Vereinigung mit unserem Höheren Selbst voranzutreiben. Viele dieser Schritte werden in der vorliegenden Studie des zweiten Strahls ausführlich beschrieben.

Lord Lanto, der Chohan des zweiten Strahls, ist ein unübertrefflicher Mentor, wenn wir die Erleuchtung anstreben. Wir werden diesen weisen Meister kennenlernen und uns in seinem faszinierenden Refugium aufhalten, während wir die Geheimnisse des Strahles der Weisheit erfahren.

> Gelb – der zweite Strahl – ist die Verschmelzung von Gold und Weiß zu einem goldenen Strahlen, dessen Schimmer Erleuchtung verleiht und mit rechtem Wissen segnet. Der Strahl steht für den Dienst des rechten Wissens, die Überstrahlung des Christusgeistes und die Einrichtung des Gesetzes von harmonischen Beziehungen unter allen Menschen sowie zwischen Gott und allen Menschen. Er ist der Strahl der Sonne, der an Sonntagen zur Erde geschickt wird.[3]
>
> Kuthumi

Juwelengleiche Eigenschaften des zweiten Strahls

Der zweite (gelbe) Strahl ist der Strahl der Erleuchtung. Wenn seine Energie das Kronenchakra erfüllt, beseitigt sie die Unwissenheit.
Um diesen Punkt zu verdeutlichen, stellen Sie sich bitte vor, dass Sie mitten in einem pechschwarzen Raum stehen, in dem keinerlei Licht ist. Schalten Sie sodann ein Licht an. Was passiert? Das Licht vertreibt die Finsternis augenblicklich und durchdringt den Raum. Wenn man das Licht des eigenen Kronenchakras sich ausdehnen lässt, hat dies einen ähnlichen Effekt. Zunächst durchbricht es die Dichte des Geistes und erleuchtet das Bewusstsein mit göttlicher Weisheit. Dann verbreitet sich diese Erleuchtung in Form von geistigen Lichtstrahlen nach außen und vertreibt die Finsternis aus dem Geist anderer auf der ganzen Welt.

Die Avatare vergangener Zeiten haben weltweit die Feuer der Erleuchtung in den Menschen entfacht und somit den gesamten Planeten erhöht. Dies geschieht aufgrund der Intensivierung des Lichts in ihrer Aura, das alles um sie herum erfasst und andere in eine höhere Schwingung versetzt. Während also die Erleuchtung das Ziel des geistigen Aspiranten ist, wird diese letztendlich zugleich erstrebt, um anderen zu helfen. Die buddhistische Bezeichnung für dieses Prinzip ist "bodhicitta". Wenn jemand bodhicitta entwickelt, so strebt er nach Erleuchtung - um der Befreiung aller Lebewesen willen.

Die Haupteigenschaften des gelben Strahls sind Weisheit, Erleuchtung, Verständnis und Unterscheidungsvermögen. Diese Eigenschaften sind die Schlüssel für jeden Einzelnen, um sich mit dem eigenen Christusselbst zu verbinden und das geistige Licht auf Erden zu verankern. Mit den Eigenschaften des zweiten Strahls hat man ein besseres Verständnis einer Situation und kann somit besser handeln.

Der zweite Strahl der Erleuchtung kann Menschen demnach zu einem besseren Verständnis von Situationen verhelfen und sie dazu führen, dass sie aus einer engeren Verbindung mit ihrem Höheren Selbst heraus besser handeln. Die Wirkung des zweiten Strahls wird auch im Begriff "Goldenes Zeitalter" widergespiegelt, einer Umschreibung für jede Art von Zeitalter, in dem die Weisheit und die Erleuch-

tung des Christusgeistes das Handeln der Menschen bestimmen.
Ein wichtiger Punkt, den man in Bezug auf die Entfaltung der Eigenschaften des gelben Strahls beachten sollte, ist die Tatsache, dass man, während man sein geistiges Licht entfaltet, zugleich auch die gelbe Flammenzunge der dreifältigen Flamme vergrößern kann. Es ist möglich, zwischen dem Herz- und dem Kronenchakra - also zwischen der gelben Zunge der dreifältigen Flamme und dem Mentalkörper - eine Schwingungsresonanz herzustellen, indem man Mantras (Dekrete)[4] zum zweiten Strahl spricht. Das gelbe Feuer kann dadurch von der zweiten Zunge der dreifältigen Flamme durch das Kronenchakra und wieder zurück fließen und dabei die Erfahrung des Christusgeistes in der Krone und im Herzen aktivieren. Die Meditation auf Seite 59 ff. beschreibt diese spirituelle Technik genauer.

> Es gibt die Weisheit des Kopfes –
> und die Weisheit des Herzens.[5]
>
> Charles Dickens

Weisheit

Die Weisheit des gelben Strahles ist mehr als bloßes Wissen, sie ist mehr als gesunder Menschenverstand oder intellektuelles Verstehen. Wenn sie auch all dies beinhalten mag, so geht die Weisheit des gelben Strahles darüber hinaus. Im spirituellen Bereich bedeutet das Wort "Weisheit": weise herrschen. Dies bedeutet einen verantwortungsvollen Umgang mit Menschen und Situationen, was meist nur erleuchtete Menschen bewerkstelligen können.
Um diese Vorstellung besser zu verstehen, wollen wir anhand eines Beispiels betrachten, wie jemand dazu angeleitet werden kann, in seinem Leben weise zu herrschen. Indem die betreffende Person ihre Lebensumstände über die Jahre – ja sogar über mehrere Leben – hinweg betrachtet, entdeckt sie die Wahrheit, nämlich dass alles, was sie in diese Welt aussendet, über das Gesetz des Karmas auch wieder zu ihr zurückkehrt. Die weitreichenden Auswirkungen dieses Gesetzes bringen sie sodann dazu, nach der goldenen Regel zu leben: "Was du nicht willst, dass man dir tu', das füg' auch keinem andern zu." Während die Person nach diesem Prinzip lebt, er-

kennt sie das Gesetz der kosmischen Belohnung: Jedes Licht, das sie aussendet und das mit reiner Energie qualifiziert ist, kehrt um ein Vielfaches multipliziert zu ihr zurück, und jede negativ qualifizierte Energie kehrt in Form von negativen Situationen und Umständen wieder zu ihr zurück. Der Mensch erlebt hautnah, dass Gehorsam gegenüber dem universellen Gesetz des Karmas und der goldenen Regel die vorteilhaftere Seite der heiligen Weisheit ist. Indem er nach dieser Karmalehre lebt, schafft er es, in Bezug auf sein Handeln "weise zu herrschen", und in der Folge nehmen Gnade und Wohlwollen in seinem Leben zu.

»Für den Weisen sind Wissen
und Handeln eines –
er sieht wahrhaftig.«[6]

Bhagavad Gita

Die göttliche Blaupause kann schneller erfüllt und die höchste Vereinigung mit dem Höheren Selbst kann schneller erlangt werden, wenn man den eigenen

Willen nach dem göttlichen Willen ausrichtet und diesem gehorcht. Dies gilt insbesondere für den ersten, den blauen Strahl, doch in ähnlicher Weise führen auch alle anderen Lichtstrahlen aus unterschiedlichen Perspektiven heraus zum gleichen Ziel der Einheit. Jede Seele hat das Privileg, an ihrem eigenen speziellen Haupt- und Nebenstrahl zu arbeiten - dennoch führen alle sieben Strahlen nach Hause zu Gott.

Erleuchtung

Erleuchtung, engl. "illumination", ist eine weitere Hauptqualität des zweiten Strahls. Das Wort "Illumination" lässt sich in verschiedene Teile zerlegen: I-lumi-nation. Der Aufgestiegene Meister El Morya[7] erklärte Mark Prophet, dass sich das "I" (dt. "ich") in "Illumination" auf die ICH-BIN-Gegenwart[8] bezieht. "Lumen" ist das lateinische Wort für "Licht". Die Endung "-ation" schließlich bedeutet "in Aktion". Das Wort "Illumination" bedeutet folglich: "ICH BIN Licht in Aktion." Anders ausgedrückt: Das Licht der ICH-BIN-Gegenwart erleuchtet das eigene Handeln. So wie Weisheit zu "weisem Herrschen" führt, führt wahre Erleuchtung zu "erleuchtetem Handeln". Das erleuchtete Zusammenwirken von Geist und Herz wird die Erleuchtung auf der physischen Ebene herbeiführen.

Mark Prophet ging noch einen Schritt weiter. Er sagte, dass die Erleuchtung eine besondere Fähigkeit geistiger Wahrnehmung sei. Das bedeutet, dass wir durch alles, was auf der materiellen oder geistigen Ebene in der Welt stattfindet, hindurchsehen können. Die Erleuchtung ermöglicht es uns, Programme, Menschen und unsere eigenen Schwächen ganz genau zu durchschauen. Mark sagte, dass die Erleuchtung uns letztendlich dazu befähigen wird, die Schönheit der göttlichen Perfektion zu sehen.

> Unsere größte Weisheit ist es, unsere Torheiten und Schwächen zu kennen, sodass wir diese korrigieren können.[9]
>
> John Tillotson

Das Licht des Unterscheidungsvermögens

Eine weitere Eigenschaft des zweiten Strahls ist die Fähigkeit, Dinge zu bewerten. Dies ist eine Art von Unterscheidungsvermögen, die es uns ermöglicht, die Wahrheit vom Irrtum zu unterscheiden. Die Aufgestiegenen Meister haben erklärt, dass jeder von uns lernen muss, den Unterschied zwischen Licht und Finsternis, zwischen Wahrheit und dem, was wahr zu sein scheint, zu erkennen. Diese Art der Beurteilung befähigt uns, Handlungen, Haltungen, Eigentümlichkeiten und Qualitäten zu erkennen, die nicht dem göttlichen Muster des Lebens folgen.

Das Unterscheidungsvermögen sollte man nicht mit der Art von Urteil verwechseln, das man fällt, wenn man jemanden kritisiert oder gar verurteilt – oder wenn man einen Menschen mit einem anderen vergleicht. Ein derartiges Handeln führt dazu, dass man seine Mitmenschen denunziert, statt ihr Christuspotenzial anzuerkennen. Unterscheidungsvermögen bedeutet vielmehr, dass man imstande ist, falsches Handeln zu erkennen, ohne den Handelnden dafür anzuprangern. Ein einfaches Beispiel hierfür wären Eltern, die ihr Kind für ein kleines Vergehen bestrafen, wobei sie ihrem Kind versichern, dass sie es lieben, ihm jedoch erklären, dass sein Handeln nicht richtig gewesen ist.

Jesus meinte eben dieses Unterscheidungsvermögen, als er sagte: "Ich kann nichts von mir selber tun. Wie ich höre, so richte ich, und mein Gericht ist recht; denn ich suche nicht meinen Willen, sondern des Vaters Willen, der mich gesandt hat."[10] Diese Aussage ist ein Beweis dafür, dass Jesus mit seinem Christusselbst vereint war, das es dem göttlichen Bewusstsein ermöglichte, durch ihn hindurchzuströmen, sodass er die Dinge richtig beurteilen konnte. Er traf seine Entscheidungen von der göttlichen, nicht von der menschlichen Ebene aus.

> Es ziemt sich für die Menschen göttlicher Herkunft, dass sie Fehler durchschauen und die Wahrheit erkennen.[11]
>
> Pythagoras

Amoghasiddhis Weisheit des vollkommenen Handelns

Gemäß der buddhistischen Lehre gibt es fünf "Dhyani Buddhas". Das sind transzendente Wesen, die die universellen, göttlichen Prinzipien oder Kräfte symbolisieren. Sie verkörpern verschiedene Aspekte eines erleuchteten Bewusstseins und sind Heiler von Geist und Seele. Einer dieser Dhyani Buddhas ist Amoghasiddhi, ein herausragendes Vorbild für spirituelle Weisheit, Erleuchtung und Urteilsvermögen. Sein Name bedeutet "allmächtiger Eroberer" oder "der, der sein Ziel unfehlbar erreicht". Amoghasiddhi verkörpert die Weisheit des vollkommenen Handeln, die unfehlbares Urteilsvermögen, Ausdauer und perfektes Handeln in spirituellen Dingen vermittelt. Seine Weisheit wirkt Neid und Eifersucht entgegen - negativen Einstellungen, die dem eigenen Christuspotenzial widersprechen. Amoghasiddhi verleiht seinen Anhängern auch Furchtlosigkeit und bietet ihnen Schutz.[12]

Meditation: Segen von Amoghasiddhi

In dieser Meditation sind Sie dazu eingeladen, Amoghasiddhi darum zu bitten, Ihnen die »Gifte« des Neides und der Eifersucht zu nehmen – und Ihnen im Tausch dafür göttliche Weisheit und Urteilsvermögen als Leitfaden für Ihr Handeln zu schenken. Sie sollten diese Meditation sooft wie möglich wiederholen, um das Licht der buddhistischen Weisheit in Ihrer Welt zu stärken.

1. Nehmen Sie sich einen Augenblick Zeit, um sich mit dem Bild von Amoghasiddhi vertraut zu machen. Versuchen Sie, seine Ausstrahlung sowie seine Erleuchtung zu spüren, und vergegenwärtigen Sie sich, dass hinter diesem Bild ein lebendiges geistiges Wesen steht, das große Stärke und Gnade besitzt.
2. Atmen Sie tief ein und aus, und konzentrieren Sie sich auf Ihr Herz.
3. Sehen Sie, wie Amoghasiddhi in Ihrer Geheimkammer des Herzens auf einem wunderschönen Thron sitzt.

Amoghasiddhi

4. Verneigen Sie sich geistig vor diesem großartigen Wesen, und übergeben Sie ihm die geistigen und emotionalen Anteile von Neid und Eifersucht, die noch in Ihnen liegen.

5. Sehen Sie, wie die smaragdgrüne Aura, die Amoghasiddhi umhüllt, zu einem gleißen-

den Feuer wird, das allen Neid und alle Eifersucht vollkommen verzehrt.

6. Visualisieren Sie, wie er Ihnen im Gegenzug eine goldene Dose überreicht. In dem Augenblick, da Sie diese Dose öffnen, wird Ihr Bewusstsein von seiner Weisheit des vollkommenen Handelns erfüllt.

7. Sprechen Sie folgendes Gebet in tiefer Hingabe:

   »Amoghasiddhi, überflute mich mit der alles erfüllenden Weisheit, der Weisheit des vollkommenen Handelns. Verzehre mit deinem heiligen Feuer die Gifte von Neid und Eifersucht in mir.«

8. Rezitieren Sie das folgende Mantra von Amoghasiddhi neun Mal:

   »OM Amoghasiddhi. Ah!«

9. Beenden Sie Ihre Meditation, indem Sie das OM singen.

Schatzsuche auf dem zweiten Strahl

Sie können das Licht des zweiten Strahls in Ihrem Alltag verstärken, indem Sie drei einfache Methoden anwenden:

1. spirituelles Studium,
2. die Wissenschaft des gesprochenen Wortes[13] und
3. Meditation.

Wenn Sie sich mit diesen Praktiken befassen, gleicht dies einer Schatzsuche nach den Juwelen Ihres Höheren Selbst. Die Schätze, die Sie finden, werden Ihren Geist, Ihr Herz und Ihr Handeln erleuchten.

Studium spiritueller Lehren

Spirituelle Energie fließt im Allgemeinen in einem steten, maßvollen Strom über die Kristallschnur vom Höheren Selbst zur Seele. Eine Möglichkeit, um diesen Strom zu beschleunigen, besteht im Studium spiritueller Lehren, denn sie enthalten bestimmte Schlüssel, mit welchen wir Türen zu unserer Psyche und letztendlich zum Geist Gottes öffnen können. Während des Prozesses des Lernens und Aufnehmens ewiger Wahrheiten strömt die perfekte Energie und geometrische Präzision des Geistes Gottes von der ICH-BIN-Gegenwart durch das Christusselbst, um uns zu erleuchten. Tropfen

für Tropfen füllen wir unseren Kelch des Seins mit Erleuchtung, während wir zugleich spirituelle Prinzipien verstehen und in uns aufnehmen. Dieses Verständnis erfüllt uns mit der Kraft des zweiten Strahls. Es ist die gleiche Kraft, die die Avatare demonstriert haben, die mit ihrem Höheren Selbst eins geworden sind, den Geist Gottes verkörpert und die Welt durch ihre Gegenwart verändert haben.

Mark Prophet sagte, dass wir, wenn wir spirituelle Lehren studieren, die geistigen Gesetze umfassender verstehen können. Wir lernen dabei, diese weiser einzusetzen, und erleiden dadurch weniger Niederlagen. Er vergleicht diesen Prozess mit dem Backen des persönlichen Lieblingskuchens, bei dem man sich auch genau an das Rezept hält. Die Menschen benutzen Backrezepte, weil sie wissen, dass ihr Kuchen immer gelingt, wenn sie sich daran halten. Doch in dem Moment, da sie die falschen Zutaten verwenden oder sich nicht an die angegebene Backzeit halten, geht etwas schief. Daher ist das Kuchenrezept, sozusagen die richtige Formel, wichtig. Spirituelle Formeln, die wir erhalten, wenn wir die geistigen Lehren studieren, sind ebenso wertvoll.

Wir sparen Zeit, Energie und Ärger, wenn wir sie so befolgen, wie sie von den Aufgestiegenen Meistern gelehrt werden.
Ein Studium kann uns nicht nur erleuchten, sondern auch von scheinbaren menschlichen Beschränkungen befreien. Um uns durch geistige Studien von nachteiligen Mustern und Angewohnheiten zu befreien, legen die Sendboten [14] uns nahe, diese Lehren auch in unserem Herzen zu prüfen. Sie empfehlen uns außerdem, dass wir nur nach einem spirituellen Prinzip handeln sollen, wenn wir dieses in unserem tiefsten Innern auch akzeptieren können. Daher ist es gut, die Verinnerlichung der Lehren der Meister zu unterstützen, indem wir unsere Studienstunden stets mit einer andächtigen Betrachtung, mit Selbstanalyse, einem Gebet und Meditation abschließen.

> Befleißige dich, Gott dich zu erzeigen
> als einen rechtschaffenen und
> unsträflichen Arbeiter, der da recht
> teile das Wort der Wahrheit.[15]
>
> Heiliger Paulus

Gesprochene Gebete, Anrufungen und Dekrete

Eine weitere Möglichkeit, um von Ihrem Höheren Selbst oder einem Aufgestiegenen Meister Erleuchtung zu erhalten, besteht darin, darum zu bitten. Diese Bitte wird sofort beantwortet werden, wobei jedoch die Antwort nicht immer eine direkte Lösung oder eine sofortige Veränderung der Situation mit sich bringen muss. Die Antwort beginnt vielmehr mit einer Aussendung von Licht; es ist ein Energiewirbel, der von der Ebene der ICH-BIN-Gegenwart einen Kreislauf auslöst. Diese Energie fließt dann durch das Christusselbst hinab und durchquert den ätherischen, den geistigen, den emotionalen und den physischen Körper. Sie wird uns in Form eines neuen Verständnisses enthüllt, wenn die Zeit dafür reif ist - und wir dafür bereit sind. Es mag auch so scheinen, als würde die Antwort lange Zeit in Anspruch nehmen, bevor sie sich manifestiert, wenn wir lediglich eine physische Antwort erwarten.

In Wirklichkeit verursacht jede Anrufung im tiefsten Kern unseres Seins umgehend eine Veränderung unseres Bewusstseins. Wenn wir geduldig sind, werden wir merken, dass unser heiliges Christusselbst in seiner Weisheit den perfekten Zeitpunkt wählen wird, um die Antwort zu enthüllen - und die Antwort wird kommen ... indem man ein Schlüsselbild sieht oder das geschriebene Wort liest. Sie mag auch kommen, während wir jemandem zuhören, der von unseren Nöten womöglich gar nichts weiß oder sich gar nicht bewusst ist, dass er uns eine Antwort liefert.

Wir können jederzeit im Stillen beten und um Verständnis oder Führung zum erleuchteten Handeln in jeder Situation bitten. Es ist weise und wichtig, es sich zur Gewohnheit zu machen, unser Höheres Selbst und die Aufgestiegenen Meister um Hilfe zu bitten. Ein Gebet von Herzen ist sogar noch wirkungsvoller, wenn man es laut spricht. Eine überaus erfolgreiche Methode, um Antworten zu bekommen, besteht folglich darin, eine persönliche Anrufung an das eigene heilige Christusselbst und einen oder mehrere Aufgestiegene Meister unseres Vertrauens zu formulieren. Ein Beispiel für diese Art der Anrufung könnte sein: "Im Namen meiner ICH-BIN-Gegenwart und meines heiligen Christusselbst rufe ich dich, geliebter Gautama Buddha, an und bitte dich, mir die Lösung für das gestörte Verhältnis zu zeigen, das ich zu meinem Kollegen habe."

Man kann auch die anderen Formen des gesprochenen Wortes benutzen - Mantren, Fiats und Dekrete -, um die Erleuchtung in schwierigen Angelegenheiten herbeizurufen. Dekrete zur Herbeiführung der Erleuchtung, so wie dasjenige zur Aktivierung des Kronenchakras auf Seite 60, können bewirken, dass dieses Chakra in der Energie des zweiten Strahls gebadet wird, insbesondere wenn es regelmäßig benutzt wird. Dekrete (wie das folgende) zur violetten Flamme [16] können auch dazu beitragen, das Kronenchakra zu reinigen und es empfänglich für die Schwingungen des Christusgeistes zu machen. Versuchen Sie, es mehrmals zu sprechen, wann immer Sie das Gefühl haben, einen geistigen Schub zu benötigen.

ICH BIN Licht, du Christus in mir,
befreie meinen Geist für immer.

Violettes Feuer, scheine für immer
tief in meinem Geist.

Gott, der Du mir gibst mein täglich' Brot,
erfülle mein Haupt mit violettem Feuer,
bis Dein Strahlen himmelhaft
mein Denken zum Lichtdenken macht.

(Es folgt das englische Original.)

I AM light, thou Christ in me,
Set my mind forever free;
Violet fire, forever shine
Deep within this mind of mine.

God who gives my daily bread,
With violet fire fill my head
Till thy radiance heavenlike
Makes my mind a mind of light.

Die "Wissenschaft des gesprochenen Wortes" meint, ein Gespräch mit Gott zu führen, und Meditation heißt, auf die Antwort zu lauschen. Diese beiden

Bestandteile gehören bei dieser Art der Kommunikation untrennbar zusammen. Die Aufgestiegenen Meister ermutigen uns, beide Praktiken zu üben. In der Tat haben die Weltenlehrer Jesus und Kuthumi eine ganze Reihe von Lehren zu diesen beiden Aspekten der spirituellen Praxis im Buch *Gebet und Meditation* ("Prayer and Meditation") diktiert. Edgar Cayce ist ebenfalls ein Verfechter beider Techniken und erklärt, dass das Gebet eine Bitte um Führung ist, während die Meditation ein Lauschen auf das Göttliche in uns ist.

> Lasst uns still sein, damit wir das
> Flüstern der Götter hören können.[17]
>
> Ralph Waldo Emerson

Meditation in der Praxis

Meditation ist eine kraftvolle Methode, um das Licht und die Erleuchtung des eigenen Christusselbst in sich aufzunehmen. Sie ist ein herrliches Werkzeug, um den Geist und die Emotionen zur

Ruhe zu bringen und die Einheit mit dem universellen Bewusstsein zu erfahren. In einem tibetischen Text heißt es hierzu: "Wer sich nicht in Meditation übt, obgleich er (...) alle anderen Qualitäten besitzt, verfällt in den Sog der Ruhelosigkeit, und sein Geist wird von den Reißzähnen konkurrierender Emotionen angefallen."[18] Es kann hilfreich sein, sich irgendeine Form der Meditation zur täglichen Routine zu machen, um allmählich aufzuhören, sich mit dem menschlichen Bewusstsein zu identifizieren, sodass man mit dem göttlichen Bewusstsein in Resonanz treten kann. Meditation zum Abschluss der täglichen Studierzeit kann auch unterstützend wirken, um die Wahrheiten, die man gerade erfahren hat, zu verinnerlichen. Eine Meditation nach einem Gebet erhöht die Empfänglichkeit für jede Art von Segen, die man erhält.

Meditation ist eine schöne Möglichkeit, um das eigene persönliche Bewusstsein mit dem universellen Christusbewusstsein, das oft als "Geist Gottes" bezeichnet wird, sanft zu vereinen. So wie es möglich ist, die gelbe Feuerzunge der dreifältigen Flamme zu vergrößern, indem man Dekrete zur Flamme der Erleuchtung spricht, kann auch die Meditation den Strom goldenen Lichts in den Herzenskelch fördern. Der Buddha Manjushri sagte, dass es auch möglich sei, "Weisheit im Herzen" zu erzeugen, wenn man sich auf den Geist Gottes konzentriere. In einem Diktat von 1994 erklärte Manjushri, wie die Erleuchtung des Höheren Selbst sogar am Verstand vorbei die Feuerzunge der Weisheit auflodern lassen kann:

"Der Mentalkörper und das Gehirn selbst sowie das zentrale Nervensystem sind wie kosmische Instrumente, und auf diesen Instrumenten spielt der Geist Gottes. Bei vielen, die sich auf dem [spirituellen] Pfad vorwärtsbewegen, geht die Kommunikation mit dem Geist Gottes am Gehirn, am Körper und sogar an der mentalen Hülle vorbei.

Ihr mögt das für unglaublich halten, doch dem ist nicht so. Eine Kommunikation dieser Art findet beinahe unbewusst im Herzen desjenigen statt, der auf den Geist Gottes meditiert hat, und ist wie ein stetes Lauschen, wie ein steter Impuls, wie ein stetes Zupfen an den Saiten des Herzens eines Mannes wie Moses, der mit dem ICH BIN DER ICH BIN kommuniziert hat. Ähnlich verhält es sich auch bei allen erhabenen Wesen, die ihm auf dem Pfad der Erkenntnis des Einen vorausgegangen waren. (...)

Es gibt Berichte von Menschen, die für tot erklärt worden waren und wieder zurückgekehrt sind, um ihre Geschichte zu erzählen. Sie haben festgestellt, dass sie im Vollbesitz ihrer geistigen Kräfte waren, jedoch weder durch den Körper

sprechen noch denken konnten. Außerdem spürten sie, dass sie aus dem Körper ausstiegen und auf ihn herabblickten. Der Körper war nutzlos, und dennoch behielten sie all das Wissen ihres Selbst. In einigen Fällen stieg ihr Wissen auf die Größe des Wissens ihres Höheren Selbst. Der 'Verstand', der von der Einkapselung in den Schädel befreit war, erforschte Welten, die jenseits [unseres Horizontes] liegen. (...)
Findet denjenigen Pfad der Meditation, der für euch richtig ist. Trainiert die sieben Chakren und auch das achte und verbindet Visualisierung, das gesprochene Wort, Meditation, Gedankenformen und den Kontakt zu allen Sternen des Seins, das heißt zu den Kausalkörpern der Söhne Gottes, in einem einzigen Moment." [19]

Mithilfe dieses Prozesses haben viele Heilige Kontakt zum Geist Gottes aufgenommen und sind laut der Heiligen Schrift erleuchtet worden - und das ohne jede äußere Schulung. Die heilige Katharina von Siena beispielsweise war als junge Erwachsene Analphabetin. Daraufhin betete sie zu

Jesus und bat ihn, ihr Lesen und Schreiben beizubringen. Dank seines Eingreifens lernte sie diese Fähigkeiten über Nacht. Daraufhin war sie imstande, ihren Lebensplan zu erfüllen, indem sie sein Wort an Könige und Päpste richtete und sie aufforderte, ihren gesetzlichen Pflichten nachzukommen.

Eine derartige direkte Kommunikation mit dem Herzen kann man erreichen, indem man auf sein Höheres Selbst oder einen Aufgestiegenen Meister meditiert. Dieser Prozess verläuft in manchen Fällen jedoch so sanft, dass man es oft nicht einmal bemerkt. Manche Menschen bekommen sogar niemals überhaupt nur einen Hinweis darauf. Andere haben berichtet, sie hätten Gänsehaut bekommen oder gespürt, wie sich die Haare an ihren Armen aufrichteten. Manche haben auch Veränderungen ihres Herzschlages registriert oder in ihrem Gesichtsfeld Lichtblitze wahrgenommen. Ob Sie nun äußerliche Anzeichen wahrnehmen oder nicht - wenn Sie der Weisheit Ihres Herzens folgen, kann dies den Strom der Gnade in Ihrem Leben erhöhen, und diese Gnade wird unaufhaltsam auf andere abstrahlen.

> Ich weiß, dass [Christus] allezeit in mir wohnt, mich führt und inspiriert, wann auch immer ich etwas tue oder sage. Ein Licht, von dem ich vorher nicht einmal ein Glitzern vernommen hatte, ist bei mir, sobald ich es brauche.[20]
>
> Heilige Thérèse von Lisieux

Durch Studien, durch die “Wissenschaft des gesprochenen Wortes” und durch Meditation können wir allmählich mehr vom goldenen Licht und Bewusstsein des Höheren Selbst sowie vom Geist Gottes aufnehmen. Dieses Licht wird dann zur Grundlage für erleuchtetes Handeln und unterstützt uns dabei, unsere täglichen Pflichten “weise zu beherrschen”.

Meditationsübung: Den Verstand zur Ruhe bringen

Diese Übung kann Ihnen helfen, Ihre Meditationsfähigkeit zu entwickeln. Da unser Geist unablässig aktiv ist, ist es nicht immer einfach, seine Energie zu bändigen. Er kann einem Kolibri gleichen, der von Blüte zu Blüte schwirrt und immer in Bewegung ist. Wenn Sie sich auf ein Bild oder einen Prozess – wie etwa auf Ihren Atem – konzentrieren, kann dies Ihren Verstand lange genug ruhigstellen, um es Ihnen zu ermöglichen, mit Ihrem Höheren Selbst in Kontakt zu treten.
Bei dieser Meditation konzentrieren Sie sich darauf, in Ihrem Herzen ein Lichtbild zu erzeugen. Wenn Ihnen etwas anderes mehr zusagt oder bei Ihnen besser funktioniert, so können Sie natürlich gern davon Gebrauch machen.

1. Begeben Sie sich in eine angenehme Sitzposition. Die Wirbelsäule ist dabei gerade aufgerichtet. Schließen Sie die Augen, und atmen Sie tief ein und aus, bis Sie sich ruhig und zentriert fühlen.

2. Legen Sie Ihre Hand auf Ihr Herz, und konzentrieren Sie Ihre Aufmerksamkeit auf diesen Punkt.

3. Visualisieren Sie eine weiße Lichtkugel im Zentrum Ihrer Brust. Lassen Sie diese Energie zu einer strahlenden Sonne heranwachsen.

4. Halten Sie diese Visualisierung aufrecht. Sobald Ihr Verstand wandert, lenken Sie Ihre Aufmerksamkeit sanft wieder zurück. Beobachten Sie einfach diesen Prozess, und kehren Sie immer wieder zur Sonne zurück.

5. Setzen Sie Ihre Meditation mindestens 15 Minuten lang fort, und lenken Sie Ihre Aufmerksamkeit dabei immer wieder auf die weiße Lichtkugel in Ihrem Herzen zurück.

6. Lassen Sie am Ende der Meditation die Energie in Ihrem Herzen sanft in Ihren Körper hinein- und zu Ihren Händen und Füßen wieder hinausströmen und dabei alles Leben segnen.

Das Kronenchakra, Kelch für den Geist Gottes

Das Kronenchakra, Zielpunkt des zweiten Strahls, sitzt an der gleichen Stelle, wo sich beim Baby die "weiche Stelle", die Fontanelle, befindet. Es hat 972 Blütenblätter und wird oft als "tausendblättriger Lotos" bezeichnet.

Kronenchakra

Das Kronenchakra besitzt die höchste Frequenz aller Chakren. Es ist unser persönliches "Leistungs-peak" der Verwirklichung, eine potenzielle Krone der Herrlichkeit, die dazu bestimmt ist, der Sitz des Geistes Gottes zu sein. Die Krone ist das spirituelle

Zentrum, in dem wir den zweiten Strahl meistern, während unsere Weisheit, unser Unterscheidungsvermögen sowie unsere Erleuchtung wachsen. Kreativität und Erfindergeist, die Erkennungsmerkmale der Söhne und Töchter Gottes, entstehen ebenfalls dadurch, dass wir uns in Resonanz mit dem göttlichen Bewusstsein, das durch unsere Krone strömt, begeben und dieses entwickeln.

> Ein großer, ein guter und
> ein korrekter Geist ist eine Art
> Fleisch gewordene Göttlichkeit.[21]
>
> Seneca

Auf Bildern von Heiligen und Weisen wird das Licht des Kronenchakras oft als goldener Heiligenschein abgebildet, der deren Köpfe erleuchtet. Statuen von Buddhas and Bodhisattvas, die sich der Erleuchtung der gesamten Menschheit verschrieben haben, tragen juwelenbesetzte Diademe oder aufwändig gearbeiteten Schmuck als Hinweis auf ihren hohen Entwicklungsgrad. Dies ist ein Symbol für die beachtliche Präsenz des göttlichen Geistes in diesen Individuen.

C. W. Leadbeater, ein bekannter Schriftsteller zum Thema Chakren, sagt, dass die 972 Blütenblätter des Kronenchakras in zwei Gruppen aufgeteilt sind - in einen inneren Kreis mit zwölf Blütenblättern und einen größeren äußeren Kreis mit 960. Er erklärt in seinem Buch *Die Chakren* ("The Chakras") auch eine kaum bekannte Tatsache zu den Abbildungen von Buddhas mit Haarknoten. Er sagt, dass sich das Kronenchakra, während es sich mit der Erleuchtung des Höheren Selbst füllt, umdreht. Es ist nicht mehr konkav, sondern wird konvex. Normalerweise hat das Chakra eine leichte Vertiefung, wenn es als Auffangbecken für das Licht dient, das von der ICH-BIN-Gegenwart herabströmt. Wird die Krone jedoch von der Erleuchtung erfüllt, so kehrt sie ihr Innerstes nach außen. Der innere Ring der zwölf Blütenblätter wird zu einer kleinen Erhebung auf einer größeren Kuppel von 960 anderen.

Die kleine "Erhebung" dient als starker Energiewirbel, der spirituelles Licht ausstrahlt. Leadbeater vermutet, dass dies der Grund dafür ist, weshalb ein Avatar die gesamte Welt verändern kann. Wenn das

Kronenchakra in der Frequenz der Erleuchtung pulsiert, fungiert das Kronenchakra als ein spiritueller Sender, der Wellen der Erleuchtung an alle Menschen funkt.

Das Licht der Erleuchtung erscheint nicht nur um den Kopf der Heiligen und Avatare herum. Es kann sich auch im Kopfbereich eines normalen Menschen entwickeln, wenn dessen Geist auf reine Gedanken ausgerichtet ist. Das Sprichwort vom Licht, das jemandem aufgegangen ist, beschreibt, wie ein Moment der Erleuchtung das Strahlen der Krone verstärken kann. Eine ähnliche Schwingungserhöhung in der Krone kann man auf einem Kindergesicht ablesen, wenn es bei einer neuen Erkenntnis "aufleuchtet".

> Ein jeglicher sei gesinnt, wie Jesus Christus auch war.
>
> Philipper 2,5

Falscher Umgang mit der Energie des Kronenchakras

Die Energie des Kronenchakras wird nicht immer korrekt belegt. Manchmal verfallen wir mit unseren Gedanken und Gefühlen in Verhaltensmuster, die nicht in Übereinstimmung mit dem Höheren Selbst stehen. Ein falscher Einsatz dieser Energie führt dazu, dass die Ausstrahlung der Krone verunreinigt wird und das Licht kein reines Goldgelb mehr ist. Eine solche negative Energie, der Stolz, erscheint in der Aura in der Farbe Orange. Diese Farbe zeigt die Vermischung der karmesinroten Farbe der Leidenschaft - als noch nicht transformierte menschliche Energie - mit den Feuern der Erleuchtung.
Zu den typischen Möglichkeiten, wie die Energie des zweiten Strahls falsch qualifiziert werden kann, zählen folgende:

- ➢ Stolz,
- ➢ Arroganz,
- ➢ Eitelkeit,
- ➢ mangelndes Unterscheidungsvermögen,

- mangelnde geistige Klarheit,
- Aberglaube,
- Engstirnigkeit,
- Fehleinschätzung,
- Kritik,
- Verurteilung.

Die violette Flamme reinigt das Kronenchakra

Eine Möglichkeit, um negative Energien zu beseitigen, die durch das Kronenchakra wirken, besteht darin, sie mithilfe der violetten Flamme zu transformieren. Das einfache Mantra »Mein Kronenchakra ist ein Lotos des violetten Feuers, mein Kronenchakra ist die Reinheit, die Gott wünscht!« kann Wunder bewirken, wenn es regelmäßig gesprochen wird.

Den eigenen Grad der Meisterschaft über das Kronenchakra beurteilen

Eine Möglichkeit, um die Selbstmeisterung des Kronenchakras voranzutreiben, besteht darin zu prüfen, welche positiven Eigenschaften dieses Chakras Sie bereits besitzen. Diese Selbsteinschätzung ist dazu bestimmt, Ihnen zu helfen, die vorhandenen Fähigkeiten zu bewerten und Schritte zu unternehmen, um diejenigen zu stärken, die nur schwach entwickelt sind. Die Basis hierzu bilden vier Übungsfelder, die die Fähigkeiten des zweiten Strahls aufbauen und lebendig halten:

1. Training der geistigen Fähigkeiten durch Studien und beständiges Lernen.
2. Bemühen um korrekte Gedanken.
3. Bestreben, die Grenzen des menschlichen Intellekts zu überwinden und mit dem Geist Gottes zu kommunizieren.
4. Zeit darauf verwenden, den Geist und die Emotionen ruhigzustellen, still zu werden und zu lauschen.

Selbsteinschätzung: Ihr Kronenchakra

1. Bewerten Sie, basierend auf Ihrer jetzigen Wahrnehmung, auf einer Skala von 1 bis 5 bitte die folgenden Aussagen. (1 bedeutet »trifft überhaupt nicht auf mich zu«, 5 bedeutet »trifft immer auf mich zu«.)

   1 Trifft überhaupt nicht auf mich zu.

   2 Trifft nur selten auf mich zu.

   3 Trifft manchmal auf mich zu.

   4 Trifft häufig auf mich zu.

   5 Trifft immer auf mich zu.

a) Ich trainiere meine geistigen Fähigkeiten durch Studien und beständiges Lernen.

Ich studiere Gottes Weisheit, wie sie in der Heiligen Schrift oder in inspirierenden Werken offenbart wird.

1	2	3	4	5

Lernen ist für mich eine Lebensaufgabe.

1	2	3	4	5

Ich bilde mich in meinem gewählten Beruf weiter, sodass ich besser darauf vorbereitet bin, Gottes Offenbarungen auf diesem Gebiet zu erfahren.

1	2	3	4	5

Ich bin bereit, von jedermann zu lernen.

1	2	3	4	5

Ich teile die Weisheit, die ich von Gott erhalten habe, anderen mit.

1	2	3	4	5

b) Ich bemühe mich um korrekte Gedanken.

Ich bin bestrebt, meinen Geist aktiv, wachsam und aufmerksam zu halten.

1	2	3	4	5

Falls nötig, bin ich imstande, mich von meinen Gedanken zu lösen und diese objektiv zu betrachten.

1	2	3	4	5

Wenn es die Situation erfordert, bin ich imstande, auf Details zu achten und diese zu meistern.

1	2	3	4	5

Ich bin aufgeschlossen und akzeptiere den Standpunkt meiner Mitmenschen.

1	2	3	4	5

c) Ich bin bestrebt, die Grenzen des menschlichen Intellekts zu überwinden und mit dem Geist Gottes zu kommunizieren.

Wenn ich gedanklich bei einem bestimmten Thema an meine Grenzen stoße, lege ich das Problem in die Hände Gottes und bitte ihn um eine Lösung.

1	2	3	4	5

Ich bin imstande, meinen geistigen Stolz zu erkennen und zu korrigieren.

1	2	3	4	5

Ich lobe Gott oft für die herrliche Weisheit, die durch mich ans Licht kommt.

1	2	3	4	5

Ich versuche mindestens einmal am Tag bewusst, meinen Alltag zu entschleunigen, meinen Geist zu beruhigen und mit meinem Höheren Selbst in Resonanz zu treten.

1	2	3	4	5

d) Ich nehme mir die Zeit, um meinen Geist und meine Emotionen ruhigzustellen, still zu werden und zu lauschen.

Ich verbringe regelmäßig Zeit allein mit Gott.

1	2	3	4	5

Ich lausche gern ohne jede Ablenkung auf die Geräusche der Natur.

1	2	3	4	5

Ich bemerke es, wenn mein Geist in Aufruhr gerät, und bemühe mich dann, ihn zu beruhigen.

1	2	3	4	5

Ich weiß, wie ich meine Gedanken beruhigen kann, sodass es mir möglich ist, göttliche Inspiration zu empfangen.

1	2	3	4	5

2. Addieren Sie nach dem Ausfüllen des Bewertungsbogens die Punkte in jedem der vier Themenbereiche, und teilen Sie sie anschließend durch die Anzahl der Stellungnahmen, die es in diesem Bereich gibt, um den Durchschnitt zu erhalten.

3. Benutzen Sie den folgenden Aktionsplan, um eine persönliche Strategie zu erarbeiten, die Ihre Leistung in jedem Bereich verbessert, in dem Sie die Note 3 oder schlechter erreicht haben.

Aktionsplan für das Kronenchakra

a) Ich trainiere meine geistigen Fähigkeiten durch Studien und beständiges Lernen.

Ich beschließe, mich auf diesem Gebiet folgendermaßen zu verbessern:

____

____

____

____

b) Ich bemühe mich um korrekte Gedanken.
Ich beschließe, mich auf diesem Gebiet folgendermaßen zu verbessern:

____

____

____

____

c) Ich bin bestrebt, die Grenzen des menschlichen Intellekts zu überwinden und

mit dem Geist Gottes zu kommunizieren.
Ich beschließe, mich auf diesem Gebiet folgendermaßen zu verbessern:

---

d) Ich nehme mir die Zeit, um meinen Geist und meine Emotionen ruhigzustellen, still zu werden und zu lauschen.
Ich beschließe, mich auf diesem Gebiet folgendermaßen zu verbessern:

---

4. Praktizieren Sie Ihre Strategien drei Monate lang. Greifen Sie danach erneut zum Bewertungsbogen und prüfen Sie, ob sich in Ihren Zielbereichen Verbesserungen ergeben haben. Tragen Sie die Veränderungen in Ihr Tagebuch ein.

Das Kronenchakra zur Entfaltung bringen

In gleicher Weise, wie wir unsere Meisterung der Energie des zweiten Strahls erhöhen können, indem wir einen Aktionsplan erarbeiten und uns daran halten, können wir auch den Energiestrom durch das Kronenchakra beschleunigen, indem wir spezifische Dekrete und Meditationen einsetzen.
Die folgende Meditation kann dazu dienen, Sie mit Ihrem Christusselbst zu verbinden, sodass Sie den Lichtstrom durch Ihr Kronenchakra erhöhen und ihn nach außen auf andere Menschen abstrahlen können. Sie kann Sie auch dabei unterstützen, einen Kreislauf gelben Feuers in einer Endlosschleife von der Feuerzunge der Weisheit durch das Kronenchakra einzurichten, sodass die Christusintelligenz sowohl in Ihrem Herzen als auch in Ihrer Krone aktiviert wird. Möglicherweise werden Sie ein Kribbeln im Kronenchakra verspüren, während Sie diese Meditation durchführen, da das Licht, das in das Chakra einströmt, dieses aktiviert - dies kann man manchmal direkt körperlich spüren.

Übung: Aktivierung des Kronenchakras

1. Setzen Sie sich aufrecht hin und atmen Sie tief ein und aus, bis Sie sich friedvoll und ruhig fühlen.
2. Legen Sie Ihre linke Hand auf Ihr Herzchakra.
3. Legen Sie den Daumen, den Zeige- und den Mittelfinger Ihrer rechten Hand auf den Scheitel Ihres Kopfes – dort, wo Ihr Kronenchakra sitzt. (Hier tritt die Kristallschnur in den Körper ein, die das Licht des Christusselbst mitführt – dies ist die Stelle, an der sich bei kleinen Babys der weiche Punkt, die Fontanelle, befindet.)

Kronenchakra

4. Visualisieren Sie eine hellgelbe Flamme, die in Ihrer Krone pulsiert. Stellen Sie sich vor, wie ihr goldenes Licht die tausend Blütenblätter aufflackern lässt.

5. Sprechen Sie die folgende Affirmation drei Mal, während Ihre Hände weiterhin Ihr Herz- beziehungsweise Kronenchakra berühren.

Oh Flamme des Lichts, so strahlend und golden,
oh Flamme, so wunderbar zu betrachten,
ICH BIN der, der in jede Gehirnzelle strahlt,
ICH BIN der, der im Licht der Weisheit alles göttlich macht.
Du stetig sprudelnder Quell flammender Erleuchtung,
ICH BIN, ICH BIN, ICH BIN die Erleuchtung.

(Es folgt das englische Original.)

O flame of Light bright and gold,
O flame most wondrous to behold,

I AM in every brain cell shining,
I AM in Light's wisdom all divining.
Ceaseless, flowing fount of Illumination flaming,
I AM, I AM, I AM Illumination.

6. Wenn Sie fertig sind, legen Sie Ihre Hände in den Schoß und entspannen Sie sich. Visualisieren Sie, wie strahlend gelbes Licht Ihren Körper durchtränkt.
7. Versiegeln Sie Ihre Meditation, indem Sie das OM singen, das Bija-Mantra [einsilbiges Mantra, d. Übs.] für das Kronenchakra.

OM

Weitere Möglichkeiten, um den gelben Strahl zu verstärken

Neben dem Lernen, den Dekreten und Meditationen gibt es noch einige weitere einfache Methoden, um die Aktivität des gelben Strahls in Ihrem Lebensalltag zu erhöhen:

1. Benutzen Sie Edelsteine, die zum zweiten Strahl gehören.
2. Tragen und benutzen Sie die Farbe Gelb.
3. Hören Sie Musik, die mit dem zweiten Strahl in Resonanz geht.
4. Besuchen Sie auf Ihren Seelenreisen das Royal-Teton-Refugium.

Diese Methoden können nicht die weiter oben beschriebenen Aktivitäten ersetzen, doch sie können mit Sicherheit Ihr spirituelles Streben nach den Eigenschaften des zweiten Strahls unterstützen.

1. **Benutzen Sie Edelsteine, die zum zweiten Strahl gehören.** Gelber Diamant, gelber Saphir, Topas und Citrinquarz verstärken das Licht des zweiten

Strahls. In früheren Zeiten glaubten die Hindus, dass der Topas ihnen Gesundheit, Bedachtsamkeit und Unterscheidungsvermögen bringen und sie vor dem plötzlichen Tod bewahren würde. Im Mittelalter wurde der Topas getragen, um den Intellekt zu schärfen, Zorn zu besänftigen und Ruhe zu erzeugen. Edgar Cayce hielt den Topas für eine Quelle der Kraft, und die alten Griechen setzten ihn in vielen Bereichen für Heilung ein. All diese vier Edelsteine können dabei behilflich sein, das Kronenchakra zu öffnen, die Weisheit des Herzens zu erhöhen und die fünf geheimen Stahlen zu entwickeln. Wer diese Steine in seinem persönlichen Umfeld benutzt oder Schmuck trägt, bei dem diese mit eingearbeitet sind, kann das Licht der Weisheit leichter aufnehmen.

2. **Tragen und benutzen Sie die Farbe Gelb.** Indem man gelbe Kleidung trägt, kann man die positiven Qualitäten der Flamme der Weisheit ebenfalls besser in sich aufnehmen. Da der zweite Strahl am stärksten an Sonntagen zu spüren ist, wirkt das Tragen von gelber Kleidung an diesem Tag doppelt so stark, besonders auf die Person, die

diese trägt. Der zweite Strahl kann auch durch goldfarbene, sandfarbene oder gelbe Möbel oder Wände in das eigene Umfeld geholt werden.

3. **Hören Sie Musik, die den zweiten Strahl verstärkt.** Die Familie der Musikinstrumente, die das Kronenchakra anregen, ist die der Streichinstrumente: Violine, Viola, Cello und Streichbass. Bei den meisten klassischen Orchesterstücken kommen ausgiebig Streichinstrumente zum Einsatz. Daher kann es hochinspirierend sein, diese - sowie auch Werke, in welchen Soli für Streichinstrumente vorherrschen - anzuhören.

4. **Besuchen Sie auf Ihren Seelenreisen das Royal-Teton-Refugium.** Dies ist auf der ätherischen Ebene der Rückzugsort, an dem Lord Lanto, der Chohan des zweiten Strahls, an den Universitäten des Geistes unterrichtet. Als einer der Hauptrückzugsorte auf diesem Planeten ist es ein hervorragender Ort, um die positiven Eigenschaften des Strahles der Weisheit kennenzulernen und diese in sich aufzunehmen. Wenn Sie das Musikstück "Ode an den Abendstern" aus der Oper

Elisabeth Kübler-Ross

Lebe jetzt und über den Tod hinaus

160 Seiten, gebunden
ISBN 978-3-89845-378-3
€ (D) 14,95

Elisabeth Kübler-Ross, die Begründerin der modernen Sterbeforschung, offenbart uns in diesem wichtigen Buch die Antwort auf die wohl wichtigste Frage über das Leben und den Tod: Wie können wir unser jetziges Leben gestalten, um es mit dem Sterben zu versöhnen.

www.silberschnur.de

SILBERSCHNUR

Verlag
»Die Silberschnur«
Postfach 41
D-56590 Horhausen

Tannhäuser von Wagner anhören, können Sie sich auf die Schwingung des zweiten Strahles einstimmen. Nachfolgend sehen Sie eine Aufnahme vom Äußeren des Refugiums.

Das Royal-Teton-Refugium

Das Royal-Teton-Refugium

Das Royal-Teton-Refugium ist ein sehr altes Zentrum der Großen Weißen Bruderschaft[21], das auf der ätherischen Ebene über dem Teton-Gebirgszug in Wyoming liegt. Es hat ein physisches Gegenstück, dessen Eingang auf der Gebirgsseite des Grand Teton liegt, der durch große Felsblöcke verborgen ist. Dieser Rückzugsort existiert seit Hunderttausenden von Jahren und ist älter als der Kontinent Lemurien. Viele begannen ihren Aufenthalt auf der Erde von diesem Ort aus. Dort stiegen die Erzengel ursprünglich zur Erde hinab, dort inkarnierten die ersten Gruppen von Seelen.
Es gibt viele faszinierende Aspekte des Royal-Teton-Refugiums. Wir wollen einen kurzen Rundgang durch dieses große ätherische Reich unternehmen.

Wenn Sie das Refugium im Royal-Teton-Gebirge betreten und durch die schweren Bronzetore schreiten, die aus dem Aufzug führen, werden Sie einen wunderschönen Wandteppich wahrnehmen, auf dem die beiden Begründer des Refugiums abgebildet sind. Dieses Paar – deren Namen nicht übermittelt wurden – hält Kristallstäbe als Symbol für ihre göttliche Autorität in Händen. Die Meisterin hält außerdem eine Kristallkugel, die die göttliche Energie bündelt, die der Menschheit helfen soll, sich auf die kosmischen Aktivitäten einzustimmen, die als Goldenes Zeitalter auf der Erde manifest werden können.

Der Raum, den man zuerst betritt, ist etwa 60 Meter lang und 30 Meter breit. Die Decke ist etwa 15 Meter hoch. Über dem gesamten Raum breitet sich ein sanftes, weiches Licht aus. Am anderen Ende des Raumes besteht ein sechs Meter breiter Streifen der Seitenwände aus weißem Onyx. Die Hauptfläche der Wände besteht aus hellblauem, glänzend poliertem Granit. Eine Goldader, die im Fels in ihrer natürlichen Form belassen wurde, verstärkt die Raumwirkung.
An der Gewölbedecke befindet sich ein siebenzackiger Stern, der ganz aus gelben Diamanten besteht und auf einer goldenen Scheibe ruht. Dieser Stern strahlt einen Strom herrlicher kristalliner Lichtstrahlen aus. Die zentrale Goldscheibe ist von zwei Ringen umgeben, die etwa 30 Zentimeter breit sind. Der

innere Ring ist rosa-pink, der äußere ist irisierend-violett. Um diese runde Anordnung herum befinden sich sieben kleinere Scheiben, die die Planeten dieses Sonnensystems sowie die sieben farbigen Strahlen des Regenbogenspektrums darstellen. Zu besonderen Anlässen gießen die Elohim mächtige Energieströme durch diese Scheiben. Die Aufgestiegenen Meister nehmen diese Strahlung auf und transformieren die Schwingung so weit herab, dass sie von der noch nicht aufgestiegenen Menschheit, dem Reich der Elementarwesen, den Tieren und dem Pflanzenleben auf Erden aufgenommen werden kann.

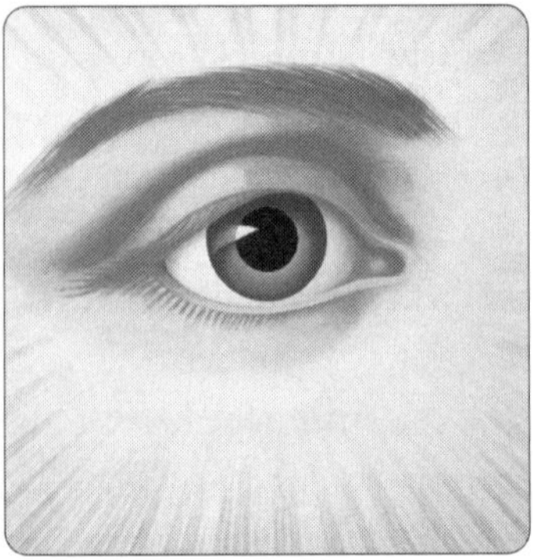

Das allsehende Auge Gottes

In die Wand am anderen Ende dieser Halle ist ein großes Auge eingelassen, das das "allsehende" Auge Gottes darstellt - Fokus und Symbol des Elohim Cyclopea. Mächtige Energieströme werden durch dieses Auge gelenkt, um das Leben auf Erden mit der makellosen Blaupause in Resonanz zu bringen, die Gott für seine gesamte Schöpfung aufrechterhält.

An einer anderen Wand befindet sich eine ungewöhnliche Vertäfelung, die aus einer himmlischen Substanz besteht, die dem Menschen unbekannt ist. Diese Vertäfelung wird als Spiegel benutzt, um die Schüler der Aufgestiegenen Meister und die Mitglieder der Großen Weißen Bruderschaft zu unterweisen. Hierauf projizieren die Meister die Aufzeichnungen der Handlungen auf Erden und auf anderen Planeten wie Filme auf eine Leinwand, um sie zur Unterweisung sich entwickelnder Seelen zu benutzen.

Das Royal-Teton-Refugium enthält außerdem Aufzeichnungsräume mit Spindeln, auf welchen in Gold die Geschichte der Zivilisationen der Erde aufgeprägt ist. Dort findet sich auch das Buch des Lebens, das die Akasha-Chronik dieses Universums enthält. In einer Kammer befindet sich der große Kartenraum, in dem die strategischen Aufzeichnungen von den Kämpfen zwischen den Kräften des Lichts und der Finsternis abgebildet sind. Andere Hallen enthalten Gold und Juwelen, die die Aufgestiegenen Meister von verloren gegangenen Kontinenten und vergangenen Zivilisationen geborgen haben.

Weitere Räume enthalten die hochkonzentrierten Flammen der verschiedenen spirituellen Strahlen. Die dreifältige Flamme ist in einem der Räume geborgen, die grün-goldene Flamme der Präzipitation in einem anderen. Es gibt auch Kammern für die Flamme der Erleuchtung und die violette Flamme. Außerdem gibt es ein Musikzimmer, in dem Adepten Musik auf wunderschönen Instrumenten spielen, die von den Aufgestiegenen Meistern vervollkommnet wird. Sie senden diese Sphärenmusik in die Welt hinaus. Die Baupläne für einige dieser Instrumente wurden inzwischen in die Köpfe der Erfinder der Welt weitergegeben. Weitere werden im Verlauf des Wassermannzeitalter preisgegeben werden.

Neben seinen vielen anderen Funktionalitäten beherbergt das Royal-Teton-Refugium auch reichlich Gelegenheiten zur Weiterbildung. Es gibt eine große Anzahl von Klassenzimmern für den Unterricht und Abteilungen für verschiedene Wissenschaften sowie Versammlungssäle, wo beständig Projektplanungen und -entwicklungen ablaufen. Viele neue Erfindungen, wissenschaftliche Formeln und Techniken in allen Bereichen werden von diesem Refugium aus freigegeben werden, wenn die Menschheit bereit ist, diese zu empfangen und zum Wohle aller einzusetzen.

Das Royal-Teton-Refugium ist auch der Versammlungsort für viele aus den Rängen der Großen Weißen Bruderschaft, unter anderen Lanello (der Aufgestiegene Sendbote Mark L. Prophet), die sieben Erzengel, die sieben Chohans der Strahlen sowie die Elohim. Der Karmische Rat trifft sich dort zweimal im Jahr zu den Tag- und Nachtgleichen, um die Briefe und Bitten der Schüler auf der ganzen Welt zu beantworten und kosmische Lichtdispensationen zu entsenden. Es ist die Bühne für viele Konklaven und Feiern. Ein Amphitheater, das für große Seminare und Versammlungen benutzt wird, umgibt dieses Refugium. Viele Aufgestiegene Meister - von anderen Orten im Universum und sogar die, die ihre Refugien an einem anderen Ort auf diesem Planeten haben - halten in diesem Refugium Unterricht ab. Dies ist auch das Refugium, in dem Lord Lanto, der Chohan des zweiten Strahls, residiert.

Lord Lanto, der Chohan des zweiten Strahls

Lord Lanto ist der Chohan des zweiten Strahls. Als ein Meister der Weisen und Philosophen lehrt er den Pfad der Verwirklichung durch Erleuchtung und die Beherrschung des Kronenchakras. Er erlangte seine Meisterschaft, während er unter Lord Himalaya, dem Manu der vierten Wurzelrasse,[22] studierte. Dessen Refugium des Blauen Lotos ist in den Bergen versteckt, die seinen Namen tragen.

Lanto inkarnierte vor vielen Zeitaltern erstmals auf Erden, wobei er seine Weisheit mit den Gaben anderer vereinte, deren Anliegen es war, der Menschheit die Hand zu reichen und sie emporzuheben, da sie die Göttlichkeit in ihren Herzen erstickt hatte. Er nutzte sein geniales Können auf dem zweiten Strahl, um mitzuhelfen, die Menschen wieder zur Verehrung ihrer dreifältigen Flamme zu bringen und auf den Pfad zu Gott zu leiten. Als das heilige Refugium Shambala gebaut wurde, befand er sich dort mit vielen Freunden des Lichts.

Lord Lanto war auch als Hoherpriester im Tempel der göttlichen Mutter auf dem versunkenen Kontinent

Lemurien inkarniert, der einen Großteil des pazifischen Ozeans einnahm. Er hatte mehrere aufeinanderfolgende Inkarnationen auf Atlantis. Nach dem Untergang von Lemurien und vor dem von Atlantis trugen Lanto und andere Adepten und Priester des heiligen Feuers die spirituellen Flammen, die sie hüteten, in andere Erdteile. Dieses Ritual war nötig, da diese Brennpunkte des Bewusstseins Gottes es erforderten, dass sie von hohen Initiierten der heiligen Mysterien beständig aufrechterhalten wurden.

Lanto war und ist ein Meister der Kraft der Präzipitation - des alchemistischen Prozesses, bei dem man kosmisches Licht sowie Substanz aus der universellen Substanz entzieht und diese in eine physische Form bringt, oft unter Einsatz der "Wissenschaft des gesprochenen Wortes". Wenn daher Adepten heilige Flammen tragen sollten, wurde er auserwählt, um die Flamme der Präzipitation - Chinagrün mit einem Hauch von Gold - zur Festung des Grand Teton zu tragen, wo die Bruderschaft das herrliche physische Zentrum des Royal-Teton-Refugiums eingerichtet hatte. Diese Flamme brennt nun auf dem Hauptaltar dieses Refugiums.

Lanto inkarnierte auch um das Jahr 2704 vor Christus als Huang Di, als der legendäre "Gelbe Kaiser" oder "Gelbe Urahn", der im alten China über ein Goldenes Zeitalter regiert hat. Man hält ihn für den Urvater des chinesischen Volkes. Huang Di ist auch als der Gott der Architektur, als der Schutzpatron der Alchemie und der Begründer des Taoismus bekannt. Gemäß der chinesischen Tradition wurden seine Lehren des Taoismus mündlich von Generation zu Generation weitergegeben, bis Lao Tse (6. Jahrhundert vor Christus) sie im *Tao Te King* niederschrieb. Daher bezeichnet man den Taoismus oft als "die Lehre von Huang-Lao" (Huang Di und Lao Tse).

Huang Di lehrte sein Volk, wie man Feuer entzündet. Ihm wird die Erfindung von radbetriebenen Fahrzeugen, von Waffen, des Bronzegusses, der Schrift und des Baus von Holzhäusern zugeschrieben. Zu seinen Lebzeiten galt er als "Weisheitsvorbild", da er dem ganzen chinesischen Volk mit seinem erleuchteten Handeln half.

Huang Di schrieb auch das älteste bekannte Buch über die chinesische Medizin, das Buch *Der Klassiker des gelben Kaisers zur Inneren Medizin* ("The Yellow Emperor's Classic of Internal Medicine"), auch *Huang Di Nei* genannt. Die Prinzipien der Makrobiotik - ein ganzheitliches Ernährungsmodell, das sich um die Balance im gesamten Wesen des Menschen dreht - basieren auf diesem Buch. Zur Makrobiotik gehört auch das Wissen darüber, welche Nahrung für bestimmte Organe zuträglich ist sowie welcher Zusammenhang zwischen dem menschlichen Verhalten, der körperlichen und geistigen Gesundheit und dem Zustand der Organe besteht. Daher beeinflusst Lanto durch dieses erleuchtende Werk die Menschen auch heute noch, da es ihnen hilft, die Weisheit auf praktische Weise in ihrem Leben einzusetzen.

Lanto inkarnierte auch als Herzog von Chou (1105 v. Chr.), der als einer der bedeutendsten Staatsmänner in der Geschichte Chinas gilt. Seine Familie begründete die Chou-Dynastie. Der Herzog war der Vorläufer der konfuzianischen Tradition. Obgleich Konfuzius (551-479 v. Chr.) Jahrhunderte nach dem Herzog inkarniert war, so betrachtete er dennoch diesen Herzog als Vorbild und glaubte, dass es seine

Mission sei, die Prinzipien und die Kultur der frühen Chou-Ära wieder einzuführen, von der man glaubte, dass sie ein Goldenes Zeitalter gewesen war.

In seinen jungen Jahren träumte Konfuzius oft vom Herzog von Chou. In seinen *Analectica* beklagte er sich: “Wie schrecklich stehen die Dinge doch inzwischen um mich! Es ist schon lange her, dass ich träumte, ich sähe den Herzog von Chou.”[23] Obwohl Konfuzius seine Inspirationen vom Herzog erhielt, wurde er am Ende doch berühmter als jener. Beide Persönlichkeiten wurden jedoch zu Aufgestiegenen Meistern und arbeiten heute zum Wohle der Menschheit Hand in Hand. Konfuzius hält derzeit das Amt des Hierarchen des Royal-Teton-Refugiums inne und dient Seite an Seite mit seinem einstigen Mentor Lord Lanto, um überall auf der Erde Weisheit und Erleuchtung zu verbreiten.

Während dieser Leben, die sich über Jahrhunderte erstreckten, hielt Lord Lanto eine Fackel der Erleuchtung, die ihm dabei half, die Kultur Chinas mit großer Weisheit zu erfüllen. Das chinesische Volk erhält auch über Erzengel Jophiel einen Erleuchtungsschub. Dessen ätherischer Rückzugsort

Lord Lanto als Herzog von Chou

liegt bei Lanchow im Norden Zentralchinas. Es ist interessant zu wissen, dass eine Kultur, die so viel Erleuchtung hervorgebracht hat, auch als das "gelbe Volk" bezeichnet wird.

Während seiner letzten Inkarnation verwirklichte Lanto einen Herzenswunsch, nämlich dass das Licht aus seiner eigenen Herzensflamme physisch aus ihm herausleuchten sollte. Dies sollte als lebendiger Beweis dafür gelten, dass jeder von uns einen göttlichen Funken in sich trägt. Lord Lanto gelang das, was in der gesamten aufgezeichneten Erdgeschichte bisher noch niemandem gelungen war – er verehrte Gottes Gegenwart in seiner dreifältigen Flamme so sehr, dass das intensive Leuchten ihres göttlichen Lichts tatsächlich durch seine physische Gestalt hindurch sichtbar war und als sanftes, goldenes Glühen durch seinen Brustkorb schimmerte. Lanto gelang es, dieses sichtbare Licht bis zu seinem Aufstieg etwa um 500 v. Chr. zu erhalten.

In dieser letzten Inkarnation wurde Lanto zum lebendigen Beispiel dafür, dass die dreifältige Flamme in jedem von uns tatsächlich Realität ist. Er schenkte uns die faszinierende Inspiration, dass auch wir unsere Herzensflamme wachsen lassen und verstärken sowie uns mit unserem heiligen Christusselbst verbinden können. Dieses Ziel der Vereinigung ist umsetzbar und wird durch den Ausspruch "Und nachdem man meine Haut zerschunden

hat, werde ich doch aus meinem Fleisch Gott schauen"[24] bestätigt.
Lanto bestärkt während der Zeit unserer Inkarnation den tiefen Wunsch und die Sehnsucht unserer Seele nach dieser Vereinigung mit unserem Höheren Selbst, mit dem Bewusstsein Gottes. Indem wir auf seine Worte hören und seinem Beispiel folgen, können auch wir den Sieg erringen und am Ende mit Jesus Christus, Lord Lanto und all den anderen Aufgestiegenen Meistern sagen: "Ich und der Vater sind eins."[25]

Die Flamme der Erleuchtung lodert über den Hochschulen und Universitäten!

Am 30. Oktober 1966 erhielt Lord Lanto vom Karmischen Rat die Erlaubnis, "eine mächtige, transzendente, goldene Flamme der Erleuchtung" auszugießen, die über höheren Bildungseinrichtungen in einer Höhe von 100 Metern in der Luft pulsiert. Hochschulen, Universitäten sowie Theologische Schulen in Amerika und auf der ganzen Welt, deren Schüler und Fakultä-

ten für Wissen aus höheren Sphären empfänglich sind, haben eine Berechtigung, dieses besondere Licht zu empfangen.

Jeder Schüler einer höheren Bildungseinrichtung oder jeder Mensch, der dies wünscht, kann diese Flamme zum Wohl der Fakultät und der Studentenschaft in Aktion rufen. Für diesen Zweck eignen sich besonders die Dekrete zum zweiten Strahl, die in diesem Kapitel zu finden sind, oder sprechen Sie eine einfache Anrufung, um diese Ausgießung zu erhalten, wie etwa:[26]

> *"Im Namen des ICH BIN DER ICH BIN bitte ich darum, dass die mächtige, transzendente, goldene Flamme der Erleuchtung über allen Hochschulen und Universitäten aktiviert werden möge, an welchen Seelen für das Wissen aus höheren Sphären empfänglich sind. Dies geschehe im Einklang mit dem Willen Gottes. Amen."*

Verteidiger des Christusbewusstseins

Lord Lanto wiederholt bei all seinen Diktaten und Seminaren immer wieder, wie wichtig es ist, dass man das Selbst als Höheres Selbst erkennt. Er erinnert uns daran, dass es unsere Bestimmung ist, die Vollkommenheit des göttlichen Selbst direkt hier und jetzt zu erlangen: "Der einzige Sinn und Zweck des Lebens auf dem 'Schulungsplaneten' Erde besteht darin, im Menschen mit dessen freiwilligem Einverständnis jene meisterhaften kosmischen Eigenschaften zu entwickeln, die Teil des Charakters und des Wesens Gottes sind. Der ewige Geist ist die All-Güte. Der Mensch ist dazu bestimmt, zu dieser All-Güte zu werden."[27]

Er sagt, dass der Schlüssel zum Einssein mit Gott darin liegt, ein Verständnis von uns selbst im Verhältnis zu unserem Höheren Selbst zu entwickeln. Ein solches Erkennen entsteht auch durch Gebete mit der Bitte um das Einssein mit dem Göttlichen:

> "Bedenkt bitte Folgendes, ihr gesegneten Herzen: Man mag euch zwar das Gesetz erklärt haben - doch habt ihr es immer befolgt, auch

wenn euch das Verständnis dafür fehlte? Nein. Das erfordert Schulung, ein Durchdenken mit dem Herzen, eine Motivation, die aus dem Verständnis heraus - und nur aus dem Verständnis heraus entsteht. Ihr mögt die Wahrheit kennen, doch die Wahrheit, die euch befreit, ist die Wahrheit, die man allein über die Flamme der Erleuchtung verstehen kann. (...)

Wir sorgen dafür, dass das Verständnis wächst. Wir achten darauf, dass die Schüler mehr Selbsterkenntnis gewinnen. Selbsterkenntnis bedeutet, das Selbst im Verhältnis zu Gott zu erkennen. (...)

Folglich muss man die Selbsterkenntnis finden, indem man sich dem heiligen Christusselbst nähert. Auch wenn ihr dieses Selbst gar nicht kennt, wisst ihr, dass ihr beten und um das Einssein mit diesem Selbst bitten, dass ihr die Kleider dieses Selbst anlegen könnt. Ihr wisst, dass das Selbst der Mittler zwischen dem Licht und der Dunkelheit, zwischen Himmel und Erde und zwischen Gott und eurer Selbstwahrnehmung im Außen ist."[28]

Sich selbst erkennen

Sowohl das niedere Selbst als auch das Höhere Selbst zu erkennen sind notwendige Schritte auf dem spirituellen Pfad. Lord Lanto hat gemeinsam mit Meru and Kuthumi eine Reihe tiefgehender Ratschläge zur Psychologie der Seele diktiert, um uns dabei zu unterstützen, dieses Ziel zu erreichen. Ihre Lehren sind in dem Buch *Entdecke dein wahres Selbst*[29] enthalten.

Zur Auflösung der psychischen Blockaden der Seele gehört auch die Auflösung der psychischen Blockaden des Menschen. Falsche Gedanken und falsches Handeln in diesem und in vergangenen Leben haben dazu beigetragen, dass sich in unserer Psyche Knoten gebildet haben. Glücklicherweise ist es nicht erforderlich, all diese Knoten auf einmal zu lösen. Doch es ist von grundlegender Bedeutung, dass wir erkennen, dass es regelmäßiger Selbsteinschätzung und Selbstüberprüfung bedarf, um auf dem Pfad immer stetig voranzukommen.

> Wer andere kennt, ist klug. Wer sich selbst kennt, ist erleuchtet.[30]
>
> Lao Tse

Im Werk *Entdecke dein wahres Selbst* wird Schülern geraten, sich die Qualität des zweiten Strahls durch Selbsterkenntnis anzueignen. Auch hier lehrt Lanto wieder, dass die Seele durch den Kontakt zum heiligen Christusselbst das Band zur wahren Identität und göttlichen Führung im Leben wiederherstellen kann: "Die Seele wurde vernachlässigt, sie muss erweckt werden. Und auch der Mensch muss zum klaren Bewusstsein der Seele erwachen. Er darf niemals zulassen, dass die wunderbare Seele, die Gott der Herr nach seinem Ebenbild geschaffen hat, entweiht wird. Die Wiedereinsetzung des Sohnes nach dem Ebenbild des Vaters ist der kostbare Pfad der Erlösung - und es ist unser lebendiges Christusselbst, das diese Macht zur Selbsterhöhung in Händen hält." [31]

Lanto weiß zweifellos, dass jeder von uns direkt hier und jetzt mit seinem heiligen Christusselbst und somit auch mit Gott eins werden kann. Es ist ihm ein sehr großes Bedürfnis, uns dabei zu unterstützen, das Licht unseres Höheren Selbst durch unser Herz und unseren Verstand hindurch hinaus in die ganze Welt zu senden. Im Folgenden schließen sich einige Tipps an, wie wir seine ausgestreckte Hand ergreifen können.

Schlüsselelemente der Arbeit mit Lord Lanto

1. **Richten Sie Ihre Anrufung direkt an Lord Lanto.** Lanto selbst sagte: "Ich bin euer langjähriger Lehrer, Freund und Mentor, und ich bin gekommen, um euch nochmals aufzufordern: Ruft mich zu jeder Tages- und Nachtzeit, zu der ihr frei von den Fesseln der Sterblichkeit sein möchtet, an, und ich werde den goldenen Strahl ausschicken, um den Prozess zu beschleunigen, um euch zu erwecken, um den heiligen Boden unter euren Füßen zu weihen, der durch euer Streben nach der Fülle der Gottesflamme heilig geworden ist."[32] Er kann Ihnen praktische Hilfe bieten, wie etwa Unterstützung bei der Aufnahme von Informationen, beim Studium und beim Ablegen von Prüfungen. Er kann Ihnen helfen, von Abhängigkeiten loszukommen und Stolz und Engstirnigkeit aufzulösen. Um seine Hilfe anzurufen, genügt es, ein durchdachtes Gebet oder eine Anrufung zu formulieren. Es kann eine lange Bitte sein oder auch ein kurzes Fiat, wie etwa:

➢ Geliebter Lord Lanto, hilf mir, dass ich mich an den Namen dieser Person erinnere!

➢ Geliebter Lord Lanto, hilf mir, diese Prüfung zu bestehen!

➢ Geliebter Lord Lanto, hilf mir, jetzt mit dem Rauchen aufzuhören!

2. **Besuchen Sie das Royal-Teton-Refugium auf einer Seelenreise.** Bitten Sie darum, dass Sie während der Zeit dorthin reisen können, wenn Lanto seinen 14-tägigen Seminarzyklus an den Universitäten des Geistes abhält. Die Daten der Kurse von Lanto sind:

   Meister Lanto

   Royal-Teton-Refugium, Wyoming, USA

86. Zyklus:	21.02. - 06.03.2013
87. Zyklus:	13.06. - 26.06.2013
88. Zyklus:	03.10. - 16.10.2013
89. Zyklus:	23.01. - 05.02.2014
90. Zyklus:	15.05. - 28.05.2014
91. Zyklus:	04.09. - 17.09.2014
92. Zyklus:	25.12. - 07.01.2015
93. Zyklus:	16.04. - 29.04.2015

94. Zyklus: 06.08. - 19.08.2015
95. Zyklus: 26.11. - 09.12.2015 [33]

3. **Stimmen Sie das Bija-Mantra an, um das Licht in Ihrem Kronenchakra zu verstärken.** Die "Ursilbe" für das Kronenchakra ist uns allen wohlbekannt - es ist das OM.

4. **Sprechen Sie "Lantos Gebet".** Dies kann Ihnen helfen, die Eigenschaften des gelben Lichtstrahls zu stärken, Ihr Kronenchakra zu erweitern und sich mit Ihrem Höheren Selbst zu vereinen.

Lantos Gebet

Im Namen des allmächtigen Gottes
trete ich vor, um die Nacht herauszufordern.
Um das Licht zu erheben,
um das Bewusstsein Gautama Buddhas in mir zu sammeln!
Und ICH BIN die tausendblättrige Lotosflamme!
Und ich komme, um sie in seinem Namen zu tragen!

Ich stehe zu dieser Stunde im Leben
mit dem Zepter der Kraft Christi,
um die Finsternis herauszufordern,
um das Licht hervorzubringen,
um vom Sternenhimmel das Bewusstsein der Engel, der Meister, der Elohim, der Sonnenzentren und des Lebens selbst zu beseelen, das die ICH-BIN-Gegenwart eines jeden bedeutet!
Ich fordere den Sieg in Gottes Namen.
Ich fordere das Licht der Sonnenflamme.
Ich fordere das Licht! ICH BIN das Licht!
ICH BIN der Sieg! ICH BIN der Sieg! ICH BIN der Sieg!
Für die göttliche Mutter und den göttlichen Menschensohn
und zur Erhebung der Lebenskrone
und der zwölf Brennpunkte der Sterne,
die sich freuen, das Heil unseres Gottes zu erleben
direkt in meiner Krone,
direkt im Zentrum der Sonne
von Alpha – es ist vollbracht!

(Es folgt das englische Original.)

Lanto's Prayer

In the name of Almighty God
I stand forth to challenge the night,
To raise up the Light,
To focus the consciousness of Gautama Buddha!
And I AM the thousand-petaled lotus flame!
And I come to bear it in his name!
I stand in life this hour
And I stand with the scepter of Christ power
To challenge the darkness,
To bring forth the light,
To ensoul from starry heights
The consciousness of angels, masters, Elohim, sun-centers
And of all of life
That is the I AM Presence of each one!
I claim the victory in God's name.
I claim the light of solar flame.
I claim the light! I AM the light!
I AM victory! I AM victory! I AM victory!
For the divine Mother and the divine manchild
And for the raising-up of the crown of life

And the twelve starry focal points
That rejoice to see the salvation of our God
Right within my crown,
Right within the center of the sun
Of Alpha—it is done!

5. **Visualisieren Sie, wie Sie auf allen Seiten von der Flamme der Erleuchtung umgeben sind.** Saint Germain sagte: "Indem der Schüler viele Male am Tag visualisiert, wie sein goldgelber Lichtstrahl durch seine vier niederen Körper strömt, stößt er den Prozess an, mit dem die Ansammlung von Negativem und Verdichtetem aufgelöst werden kann und der Geist, die Gefühle und die Erinnerung gereinigt werden. Damit verstärkt sich zugleich die belebende elektronische Kraft der essenziellen Wahrheit."[34]

6. **Sprechen Sie das Dekret "Introitus an das heilige Christusselbst".** Dieses Dekret kann Sie zu einer engeren Vereinigung mit Ihrem Höheren Selbst führen, indem es Lord Lantos Wunsch auch für Ihre Seele in Erfüllung gehen lässt.

INTROITUS AN DAS HEILIGE CHRISTUSSELBST

1. Heiliges Christusselbst über mir,
du Gleichgewicht meiner Seele,
deine gesegneten Strahlen
sende herab und heile mich.

Refrain:
Deine Flamme in mir lodert ewig,
dein Frieden um mich erhöht sich ewig,
deine Liebe beschützt und hält mich,
dein blendendes Licht umfängt mich.
ICH BIN dein dreifältiges Strahlen,
ICH BIN deine lebendige Gegenwart,
die sich entfaltet, entfaltet, entfaltet.

2. Heilige Christusflamme in mir,
komm', entfalte dein dreieiniges Licht;
durchflute mein Wesen mit der Essenz
von Rosa, Blau, Gold und Weiß.

3. Heiliges Rettungsseil zu meiner Gegenwart,
geliebter Freund und Bruder auf ewig;
lass' mich deine heilige Wache halten,
sei du selbst im Einsatz hier.

(Es folgt das englische Original.)

Introit to the Holy Christ Self

1. Holy Christ Self above me,
Thou balance of my soul,
Let thy blessed radiance
Descend and make me whole.

Refrain:
Thy flame within me ever blazes,
Thy peace about me ever raises,
Thy love protects and holds me,
Thy dazzling light enfolds me.
I AM thy threefold radiance,
I AM thy living Presence
Expanding, expanding, expanding now.

2. Holy Christ flame within me,
Come expand thy triune light;
Flood my being with the essence
Of the pink, blue, gold and white.

3. Holy lifeline to my Presence,
Friend and brother ever dear,
Let me keep thy holy vigil,
Be thyself in action here.

Wir sagen: Gott und die Vorstellungskraft sind eins – wie hoch doch diese höchste Kerze die Finsternis erhellt.[35]

Wallace Stevens

2.

Wir stellen vor: Der Aufgestiegene Meister Kuthumi

Kuthumi, der einst als heiliger Franziskus von Assisi gelebt hat, hält gemeinsam mit dem Aufgestiegenen Meister Jesus Christus das Amt des Weltenlehrers inne. Als Weltenlehrer führen Kuthumi und Jesus Studenten des Lichts zur Selbstmeisterung, und sie helfen ihnen, eins mit ihrem Christusselbst zu werden. Während Jesus die Alpha-Polarität verkörpert und die männliche Flamme darstellt, ist

Kuthumi die Omega-Polarität und hält die weibliche Flamme des Amtes inne.

Elizabeth Clare Prophet hat gesagt, dass Kuthumi uns über die Liebesfeuer seines Herzens die Zärtlichkeit der Weisheit des Vaters bringt. Seine Sanftheit und Süße machen es für uns verständlich, dass wir Gottes Willen folgen sollten. Kuthumis sanfte Natur wird anhand einer Geschichte deutlich, die Saint Germain über eine Reise erzählte, die Kuthumi und El Morya durch den Himalaya unternahmen, um einen spirituellen Meister aufzusuchen. El Morya hatte es sehr eilig anzukommen, Kuthumi blieb etwas gelassener. Obgleich El Morya viel Schweiß und jede Menge Energie aufwendete, um die Reise durchzuführen, konnte er sich am Ende nicht mehr daran erinnern, was der Meister gesagt hatte. Es war der ruhige Kuthumi, der sich die Botschaft, die sie erhalten hatten, gemerkt hatte.

Kuthumi lebte viele Male und an vielen Orten auf der Erde. In Griechenland inkarnierte er 580 v. Chr. als Pythagoras, ein Mystiker, Wissenschaftler und Philosoph. Pythagoras gründete in Crotona in

Kuthumi

Italien eine berühmte Mysterienschule für Frauen und Männer, die die Initiationen der Großen Weißen Bruderschaft anbot. Pythagoras beeinflusste auch viele große Philosophen, darunter Plato, Aristoteles, Augustinus, Thomas von Aquin und Sir Francis Bacon.

Im ersten Jahrhundert nach Christus inkarnierten die Aufgestiegenen Meister Kuthumi, El Morya und

Djwal Kul als die drei Weisen, wie sie in den biblischen Geschichten über die Geburt Jesu beschrieben sind. Sie brachten dem Christuskind Gold, Weihrauch und Myrrhe als Fokussierungen der dreifältigen Flamme. Kuthumi verkörperte den Erleuchtungsaspekt der Flamme, El Morya stellte die blaue Feuerzunge dar und Djwal Kul verkörperte die rosa Flamme. Als Vertreter der Großen Weißen Bruderschaft segneten diese Weisen aus dem Morgenland Jesus für seine künftige Mission im Fischezeitalter mit dem Licht ihrer eigenen Kausalkörper.

Als heiliger Franziskus von Assisi lebte Kuthumi von 1182 bis 1226 in Italien. Im Alter von 20 Jahren wurde er zum Ritter geschlagen und stürzte sich in den Dienst der Armeen von Papst Innozenz III., die gegen die europäischen Staatsautoritäten ankämpften.

Doch wenige Jahre später erhielt er im nahe gelegenen Spoleto eine Offenbarung, die ihn dazu bewegte, nach Assisi zurückzukehren und dem Herrn statt den Menschen zu dienen. Franziskus verbrachte nach seiner Rückkehr viel Zeit in der Einsamkeit sowie im Gebet und erkannte, dass er ein Leben

Heiliger Franziskus von Assisi

im Dienste der Armen führen sollte. Im Jahr 1206 hörte er eine Stimme vom Kreuz der zerstörten Kapelle von San Damiano, die ihm befahl: "Franziskus, mach' dich auf und repariere meine Kirche. Wie du siehst, ist sie dabei, zu einer Ruine zu verfallen."[36] Nach diesen Erlebnissen verzichtete er auf den Reichtum seiner Familie, verschrieb sich der Armut und begann zu predigen. Im Jahr 1209 erkannte Papst Innozenz III. den Franziskanerorden der Bettelmönche als religiösen Orden der römisch-katholischen Kirche an.

Zwei Jahre, bevor er verstarb, empfing Franziskus die heiligen Wundmale. Er spürte während einer Vision, in der er einen sechsflügeligen Seraphim sah, der einem Gekreuzigten ähnelte, wie die fünf Wunden des gekreuzigten Christus seinen Körper mit großer Macht durchdrangen. Während dieser letzten Jahre erblindete Franziskus auch noch. Obgleich er die Schönheiten der Erde nicht mehr sehen konnte, komponierte er den *Sonnengesang*, in dem er Bruder Sonne, Schwester Mond, Bruder Wind, Schwester Erde, Bruder Feuer und Schwester Tod pries.

1592 inkarnierte die Seele von Kuthumi in Indien als Shah Jahan, ein Großmogul, der ein Goldenes Zeitalter der Kunst, der Architektur und der religiösen Toleranz einläutete. Shah Jahan baute das berühmte Taj Mahal als Grabmal für seine Zwillingsflamme, Mumtaz Mahal, die an seiner Seite nahezu gleichberechtigt regiert hatte und bei einer Geburt verstorben war. Bis heute würdigt das Taj Mahal das Mutterprinzip. Es ist der Schrein der ewigen Liebe der Zwillingsflammen.

Kuthumi verbrachte sein letztes Leben auf Erden als Koot Hoomi Lal Singh, besser bekannt als Meister K. H.; er wurde im 19. Jahrhundert in Kaschmir in Indien geboren und arbeitete mit seinem langjährigen Freund El Morya zusammen. Sie vermittelten der Menschheit die universellen Mysterienlehren, die sich in den Religionen des Ostens und Westens finden. Die Flamme der Erleuchtung, die Kuthumi in so vielen Jahren aufgebaut hatte, kam in seinem letzten Leben mit diesem wichtigen Werk zur vollen Entfaltung.

Kuthumi hat zwei Rückzugsorte auf der ätherischen Ebene. Einer befindet sich in Kaschmir in Indien und heißt “Kathedrale der Natur”. Der andere befindet sich in Shigatse in Tibet. Dort spielt er für Seelen, die nach dem Tod in höhere Ebenen aufsteigen, auf einer großen Orgel. Durch seine Herzensfeuer erschafft Kuthumi wunderschöne Harmonien, die diese Seelen sanft trösten und in den Lichtreichen herzlich willkommen heißen. Aufgestiegene und nichtaufgestiegene Wesen, die sogenannten Brüder und Schwestern des *Goldenen Gewands*, dienen in diesen beiden Rückzugsorten und widmen sich hingebungsvoll der Menschheit, um ihnen zu helfen, die Flamme der Weisheit weiterzuentwickeln.

Kuthumi ist als Meister der Psychologie bekannt. Er hat erklärt, dass es das Ziel der wahren Psychologie ist, diejenigen Manifestationen des eigenen Selbst auszumerzen, die nicht vom Licht und nicht von Gott stammen. 1985 verkündete Kuthumi, dass sein Guru, Lord Maitreya, ihn gebeten habe, allen *chelas* (Schülern) zu helfen, den Kern und die Ursache der körperlichen, emotionalen und geistigen Aspekte in ihrer Psyche zu ergründen. Kuthumi sagte: "Wenn ihr mich anruft und in eurem Herzen fest entschlossen seid, euer früheres Selbst zu überwinden, werde ich über euer Herz und auch jeden Botschafter, den ich euch über den Weg schicke, euer Tutor sein."[37] Wenn Sie möchten, können Sie die folgende Anrufung an Kuthumi regelmäßig sprechen, um ihn um Hilfe bei der Lösung Ihrer persönlichen psychischen Blockaden zu bitten. Wenn Sie diese Anrufung täglich sprechen, können sich die Ergebnisse schneller einstellen:

> Im Namen meiner mächtigen ICH-BIN-Gegenwart rufe ich dich, geliebter Kuthumi, an und bitte dich, schnell dafür zu sorgen, den Kern und die Wurzel jeder psychischen Blockade zu heilen, die mein Christusselbst davon abhält, voll zum Ausdruck zu kommen. Dies geschehe im Einklang mit dem Willen Gottes.

> *In the name of my mighty I AM Presence, I call to you, beloved Kuthumi, to move quickly and heal the cause and core of any psychological condition that is blocking my Christ Self from being fully expressed. According to God's will, let it be done.*

3.

Die befreiende Macht des Wortes: Das innere Licht ausdehnen

Der Energiefluss durch unsere Chakren lässt sich erhöhen, indem wir die Geschwindigkeit und den Rhythmus der Dekrete meistern und uns auf unseren individuellen inneren Grundton einstimmen, die Frequenz unserer ICH-BIN-Gegenwart. Ein Dekret, das wir benutzen können, um das Licht unserer Aura stark zu erhöhen, ist das Dekret "ICH BIN Licht", insbesondere wenn wir es mit einer kraftvollen Visualisierung des Aufgestiegenen Meisters Kuthumi begleiten.

Tempo und Tonlage der Dekrete erhöhen

Beim Chanten von Dekreten erhöht man manchmal automatisch deren Geschwindigkeit. Dieses höhere Tempo hebt die Frequenz und Schwingung des Dekretes an, solange man im Herzen zentriert bleibt. Das Dekret wird dadurch effektiver, denn mit der Erhöhung der Frequenz verstärken sich auch die Klangwellen. Sie lösen negative menschliche Gedanken und Verhaltensmuster schneller auf und können sogar um den Planeten kreisen, um der Verschmutzung der Erde in ihren vier niederen Körpern entgegenzuwirken. Während sich das Tempo eines Dekretes beschleunigt, kann man unter Umständen auch feststellen, dass die Tonlage höher wird. Dies ist eine natürliche Folge der erhöhten Schwingungsfrequenz. Man sollte es zulassen, solange der Wechsel in der Tonlage nicht als unangenehm empfunden wird.

Bevor man ein Dekret beschleunigt, ist es wichtig, dass man zunächst die Aussprache, den natürlichen Tonfall und den Rhythmus beherrscht. Indem man die Worte zunächst langsam rezitiert, kann man sich auf ihre Bedeutung konzentrieren, sich im Visualisieren üben und eine starke Herzensverbindung zu Gott aufbauen. Um die Kunst des richtigen Dekretesprechens zu praktizieren, empfiehlt Elizabeth Clare Prophet, die Dekrete mit Aufnahmen von Mark Prophet zu üben, der in einer früheren Inkarnation ein Meister der Anrufung auf Atlantis war. Wer ihn nachahmt, erfährt das beste Training, da die Rhythmen, die er vorgibt, den Lichtstrom durch die Chakren regulieren. Sie regulieren auch den Blutdruck, den Herzrhythmus und das Pulsieren des Gehirns. Nachdem Sie eine Zeit lang mit Mark Dekrete gesprochen haben, um den richtigen Rhythmus einzuüben, können Sie das Dekret beim Sprechen immer weiter beschleunigen – bis zu einer Geschwindigkeit, die sich für Sie noch angenehm anfühlt.

Die Sendboten erklären auch, dass die Schüler versuchen sollten, sich auf die Frequenz und den Strom der Lichtenergie, der sie durchströmt, einzustimmen, während sie ein Dekret sprechen. Jede Person hat einen Grundton, eine innere Sinfonie, die sie in einer bestimmten Schwingungsfrequenz bewegt. Es fällt den Menschen oft leichter, sich auf diese Frequenz einzustimmen, wenn sie Dekrete sprechen.

Die Schüler müssen im Einklang mit ihrer individuellen Schwingung stehen - sie dürfen dieser nicht vorauseilen oder ihr hinterherhinken. Daher ist es besser, ein Dekret in einer angenehmen Geschwindigkeit zu sprechen, statt zu versuchen, es künstlich zu beschleunigen. Diese Übung wird den Kontakt zum Herzen und zu den Chakren erleichtern. Außerdem wird die Chakrenverbindung, sobald sie einmal hergestellt ist, dabei helfen, eine sanfte Resonanz mit der eigenen inneren Schwingungsfrequenz herzustellen.

Wie bei vielen anderen Dingen auch, ist das Rezitieren von Dekreten eine Kunstfertigkeit, die durch regelmäßige Anwendung allmählich immer weiter ausgebaut wird. Saint Germain gibt hinsichtlich dieser Thematik einige wertvolle Hinweise:

> "Der richtige Einsatz von Dekreten erfordert Übung. Man sollte nicht erwarten, dass die Perfektion des Universums gleich bei der ersten Anrufung all die Schlacken, die man im Laufe seiner Leben angesammelt hat, hinwegfegen wird.

Ein Dekret richtig zu sprechen, ist eine Kunst für sich: Je mehr Können man entwickelt hat, desto leichter fällt es, das Dekret schneller zu sprechen - das heißt, man wird imstande sein, das Tempo zu erhöhen, mit dem man rezitiert. Man wird auch imstande sein zu erkennen, was geschieht, während man das Dekret beschleunigt - denn diese Beschleunigung hebt die Frequenz der eigenen elektronischen Struktur an, schleudert alle negativen Gedanken und Gefühle aus der eigenen Welt heraus und transformiert sie.

Oh, welche Freude und welchen Frieden könnt ihr eurer Familie, euren Freunden und euch selbst bereiten, indem ihr Dekrete richtig einsetzt! Welch ein Segen für die Freiheit! Auf welch herrliche Weise kann die Welt zum Besseren verändert werden!"[38]

Das Dekret "ICH BIN Licht"

Der Aufgestiegene Meister Kuthumi hat ein Dekret namens "ICH BIN Licht" diktiert, das uns helfen kann, unsere Aura zu stärken und den Lichtstrom durch die sieben Chakren zu verstärken.
In seinem Buch *The Human Aura* ("Die Aura des Menschen") empfiehlt er, zu diesem Zweck eine Visualisierung zu benutzen, die in der folgenden Meditation "Das Licht der Aura erweitern" enthalten ist.

Eine der Aussagen, die Elizabeth Clare Prophet über Kuthumis Visualisierungsmethoden getroffen hat, lautet, dass wir die violette Flamme benutzen sollten, bevor wir überhaupt beginnen. Sie sagte, dass wir nicht in einem schmutzigen Raum meditieren sollten, in dem völlige Unordnung herrscht. Wir reinigen den Raum zunächst, räumen unsere Dinge beiseite und nehmen sodann Platz. Nun können wir uns konzentrieren, weil der Raum ordentlich ist und die Anordnung der Dinge die Geometrie Gottes in uns unterstreicht. Also reinigen wir ihn mit der violetten Flamme, weil Gott zu Besuch kommt. Wir können diesen Rat auch auf andere Meditationssituationen übertragen.

Sie hat auch gesagt, dass wir bei unseren Meditationen versuchen sollten, Experten darin zu werden, die dreifältige Flamme zu sehen, indem wir ihre drei Feuerzungen als Federn visualisieren. Im Zentrum steht das Goldgelb des Buddhas und der Weisheit. Zu seiner Linken ist die blaue Feuerzunge. Zu seiner Rechten befindet sich die rosafarbene Feuerzunge. Die dreifältige Aktion dieser Flamme ist ein ausgewogenes Christusbewusstsein in unserem Innern.

Meditation: Das Licht der Aura erweitern

Kuthumi gibt uns in dieser Meditation folgende hilfreiche Anleitung, um zu visualisieren, wie uns das intensive weiße Licht umgibt:

»Während ihr das Strahlen des kosmischen weißen Feuers um euch herum visualisiert, solltet ihr euch nicht um die

Irrungen und Wirrungen in euren Gedanken kümmern, die möglicherweise über die Jahre in euer Bewusstsein eingedrungen sind. Gestattet es euch nicht, euch auf irgendwelche negativen Eigenschaften oder derartige Zustände zu konzentrieren. Lasst eure Aufmerksamkeit nicht auf euren vermeintlichen Schwachstellen ruhen. Seht stattdessen, was das Licht für euch tun kann. Seht, wie sich sogar eure körperliche Gestalt verändern kann, wie eine Stärkung eurer Gesundheit in eurem Körper, eurem Verstand und eurem Geist stattfinden kann. Probiert diese Übung, so simpel sie auch erscheinen mag, in dem Wissen aus, dass viele Aufgestiegene Meister diese gemeinsam mit euch durchführen werden.«

1. Nehmen Sie eine Meditationshaltung ein. Formen Sie Ihre Hände zu Schalen, und lassen Sie diese so in Ihrem Schoß ruhen, dass die Chakren, die in Ihren Handflächen sit-

zen, das Licht, um das Sie bitten, auffangen können.

2. Konzentrieren Sie Ihre Aufmerksamkeit auf Ihr Herz. Sprechen Sie drei Mal das Dekret »ICH BIN die violette Flamme«, um Ihr Kraftfeld zu reinigen, und visualisieren Sie dabei, wie die violette Flamme Ihre Aura erfüllt.

ICH BIN die violette Flamme

ICH BIN die violette Flamme,
die jetzt in mir wirkt.
ICH BIN die violette Flamme
und beuge mich nur dem Licht.
ICH BIN die violette Flamme
in mächtiger kosmischer Kraft.
ICH BIN das Licht Gottes,
das ständig scheint.
ICH BIN die violette Flamme,
die glüht wie eine Sonne.
ICH BIN Gottes heilige Kraft,
die alle befreit.

(Es folgt der englische Originaltext.)

I Am the Violet Flame

I AM the violet flame
In action in me now.
I AM the violet flame
To light alone I bow.
I AM the violet flame
In mighty cosmic power.

I AM the light of God
Shining every hour.
I AM the violet flame
Blazing like a sun.
I AM God's sacred power
Freeing every one.

3. Atmen Sie tief ein und dann wieder aus.

Die dreifältige Flamme

4. Wenn Sie spüren, dass Sie mit der Flamme in Ihrem Herzen in Kontakt stehen, visualisieren Sie Ihre dreifältige Flamme (etwa 2 mm hoch).

5. Sehen Sie, wie sie sich ausdehnt, größer und größer wird, bis sie ca. 45 cm hoch ist und Ihren gesamten Brustkorb ausfüllt.

6. Stellen Sie sich vor, wie Ihr gesamter Körper und Ihr Bewusstsein in eine große Kugel aus schillerndem, weißem Licht eingeschlossen sind.

7. Sprechen Sie das Dekret »ICH BIN Licht« mit großer Hingabe.

ICH BIN Licht

ICH BIN Licht, gleißendes Licht,
strahlendes Licht, intensives Licht.
Gott verzehrt meine Dunkelheit,
verwandelt sie in Licht.

ICH BIN heute im Brennpunkt
der zentralen Sonne.
Durch mich strömt ein kristallener Fluss,

eine lebendige Fontäne des Lichts,
die niemals missbraucht werden kann
von menschlichem Denken und Fühlen.
ICH BIN ein Vorposten des Göttlichen.
Solche Dunkelheit, die mich benutzte,
wird verschlungen
vom mächtigen Fluss des Lichts,
der ICH BIN.

ICH BIN, ICH BIN, ICH BIN Licht.
Ich lebe, ich lebe, ich lebe im Licht.
ICH BIN des Lichts größte Dimension.
ICH BIN des Lichts reinste Intention.
ICH BIN Licht, Licht, Licht,
das die Welt überströmt, wo ich auch gehe
und stehe,
und sie segnet, stärkt und ihr
die Absichten des Himmelreichs vermittelt.

(Es folgt der englische Originaltext.)

I AM Light

I AM light, glowing light,
Radiating light, intensified light.

God consumes my darkness,
Transmuting it into light.

This day I AM a focus of the Central Sun.
Flowing through me is a crystal river,
A living fountain of light
That can never be qualified
By human thought and feeling.
I AM an outpost of the divine.
Such darkness as has used me is swallowed up
By the mighty river of light which I AM.

I AM, I AM, I AM light;
I live, I live, I live in light.
I AM light's fullest dimension;
I AM light's purest intention.
I AM light, light, light
Flooding the world everywhere I move,
Blessing, strengthening, and conveying
The purpose of the kingdom of heaven.

8. Versiegeln Sie Ihre Meditation, indem Sie das OM singen.

Anmerkungen

1. Philipper 2,5. Alle Zitate sind der Lutherbibel entnommen.
2. Das Christusselbst oder das Höhere Selbst wird auch heiliges Christusselbst genannt. Unser heiliges Christusselbst ist unser innerer Lehrer, unser Hüter und unser bester Freund. Es ist zudem die Stimme unseres Gewissens, die in unserem Herzen und in unserer Seele erklingt.
3. Mark L. Prophet und Elizabeth Clare Prophet, *The Science of the Spoken Word* ("Die Wissenschaft des gesprochenen Wortes"), Corwin Springs, Montana, Summit University Press 1991, S. 68.
4. Ein Dekret ist eine dynamische Form des gesprochenen Wortes, das von den Schülern der Aufgestiegenen Meister dazu eingesetzt wird, Gottes spirituelle Energie in individuelle und in Weltsituationen zu lenken, um konstruktive Veränderungen zu bewirken.

5. Charles Dickens, zitiert bei John Bartlett, *Familiar Quotations* ("Berühmte Zitate"), 16. Ausgabe, Boston, Little Brown and Company 1992, S. 471.
6. Swami Prabhavananda und Christopher Isherwood, Übersetzer, *Bhagavad Gita: The Song of God* ("Bhagavad Gita: Das Lied Gottes"), Hollywood, Kalifornien, Vedanta Press 1987, S. 68.
7. Die Aufgestiegenen Meister sind erleuchtete geistige Wesen, die einst auf der Erde gelebt haben, ihren Lebenszweck erfüllt haben, aufgestiegen sind und sich wieder mit Gott vereint haben. Sie sind die wahren Lehrer der Menschheit, die die geistige Entwicklung aller Gottesverehrer lenken.
   El Morya ist ein Aufgestiegener Meister, der die Seelen darin unterrichtet, Selbstmeisterung durch die Entwicklung folgender Qualitäten zu erlangen: den Glaube, den guten Wille und die Fügung in den göttlichen Willen.
8. Die ICH-BIN-Gegenwart ist die Gegenwart Gottes, des ICH BIN DER ICH BIN, individualisiert für jeden von uns.
9. John Tillotson, zitiert bei Tyron Edwards u. a., *The New Dictionary of Thoughts: A Cyclopedia of Quotations* ("Das neue Wörterbuch der Gedanken: Eine Enzyklopädie von Zitaten"), ohne Ortsangabe, Standard Book Company 1966, S. 729.
10. Johannes 5,30.

11. Nayáu Louise Redfield, Übersetzer, *The Golden Verses of Pythagoras* ("Die goldenen Verse des Pythagoras"), 1917; Nachdruck mit einer Kurzbiographie von Ehud C. Sperling, New York: Samuel Weiser 1975, S. 155.
12. Die "Wissenschaft des gesprochenen Wortes" ist die Wissenschaft der Anrufung von Gottes Licht durch Affirmationen, Gebete und Mantras, um die göttliche Energie des heiligen Christusselbst, der ICH-BIN-Gegenwart sowie der Aufgestiegenen Meister in Situationen zu lenken, die der Veränderung bedürfen.
13. Ein Sendbote ist jemand, der von den Aufgestiegenen Meistern dazu ausgebildet wurde, ihre Lehren, Botschaften und Prophezeiungen für ein Volk und ein Zeitalter zu empfangen und zu übermitteln.
14. 2. Timotheus 2,15.
15. Die violette Flamme ist das heilige Feuer, das die Ursache, Auswirkung, Aufzeichnung und Erinnerung einer Sünde oder eines negativen Karmas auflöst. Sie wird auch als Flamme der Transmutation, der Freiheit und der Vergebung bezeichnet. Wenn die violette Flamme durch die "Wissenschaft des gesprochenen Wortes" herbeigerufen wird, bringt sie Erlösung.
16. Ralph Waldo Emerson zitiert in *The New Dictionary of Thoughts* ("Das neue Wörterbuch der Gedanken"), USA, Standard Book Company 1966, S. 614.

17. Herbert V. Guenther, Übersetzer, *The Jewel Ornament of Liberation* ("Das Schmuckjuwel der Befreiung"), Berkeley, Shambala Publications 1971, S. 187.

18. *Pearls of Wisdom* ("Perlen der Weisheit"), Band 37, Nr. 21, S. 233 f.

19. Heilige Thérèse von Lisieux, zitiert bei: Ronda De Sola Chervin u. a., *Quotable Saints* ("Zitierbare Heilige"), Ann Arbor, Michigan, Servant Publications 1992, S. 214.

20. Lucius Annaeus Seneca, zitiert bei Edwards, *The New Dictionary of Thoughts* ("Das neue Wörterbuch der Gedanken"), S. 410.

21. Eine geistige Bruderschaft Aufgestiegener Meister, Erzengel und anderer hochentwickelter geistiger Wesen. Der Begriff "weiß" bezieht sich nicht auf eine Rasse, sondern auf die Aura aus weißem Licht, die diese Unsterblichen umgibt. Die Große Weiße Bruderschaft arbeitet mit ernsthaften Suchern aller Rassen, Religionen und Gesellschaftsschichten zusammen, um der Menschheit zu helfen. Zur Bruderschaft gehören auch gewisse nichtaufgestiegene Schüler der Aufgestiegenen Meister.

22. Eine Wurzelrasse ist eine Lebenswelle, eine Evolution von Seelen, die zu einer bestimmten Epoche in der kosmischen Geschichte aus dem Herzen Gottes entspringt, um einen bestimmten Aspekt des Bewusstseins Gottes zu beseelen.

23. Arthur Waley, Übersetzer und Kommentator, *The Analects of Confucius* ("Die Analectica des Confucius"), New York, Random House 1938, S. 123.
24. Hiob 19,26.
25. Johannes 10,30.
26. Siehe auch *Prayers, Meditations and Dynamic Decrees for the Coming Revolution in Higher Consciousness* ("Gebete, Meditationen und dynamische Dekrete für die kommende Revolution in höherem Bewusstsein"), Saint Germain Press 1984.
27. *Pearls of Wisdom* ("Perlen der Weisheit"), Band 12, Nr. 29, S. 123.
28. Mark L. Prophet and Elizabeth Clare Prophet: *Lords of the Seven Rays, Mirrow of Consciousness* ("Die Herren der sieben Strahlen: Der Spiegel des Bewusstseins), Corwin Springs, Montana: Summit University Press 1988, 1. Buch, S. 106 f.
29. Elizabeth Clare Prophet und Mark L. Prophet, übersetzt von Manfred Miethe, Heyne 2010.
30. Wing-tsit Chan, Übersetzer, *The Way of Lao Tzu (Tao-te ching)* ("Das heilige Buch vom Weg und der Tugend"), New York, Macmillan Publishing Co. 1963, S. 159.
31. Mark L. Prophet und Elizabeth Clare Prophet, *Entdecke dein wahres Selbst,* Heyne 2010.

32. Mark L. Prophet und Elizabeth Clare Prophet, *Lords of the Seven Rays: Mirror of Consciousness* ("Die Herren der sieben Strahlen: Der Spiegel des Bewusstseins"), Corwin Springs, Montana, Summit University Press 1986, 1. Buch, S. 108.
33. Aus dieser Tabelle können alle zukünftigen Daten errechnet werden.
34. Elizabeth Clare Prophet und Mark L. Prophet: *Saint Germain - Alchemie: Die geheimen Formeln für inneren und äußeren Reichtum.* Übersetzt von Manfred Miethe, Ansata 2009.
35. Wallace Stevens, "Final Soliloquy of the Interior Paramour" ("Letztes Selbstgespräch für die innere Geliebte"), zitiert in *The Merriam-Webster Dictionary of Quotations* ("Das Merriam-Webster-Wörterbuch der Zitate"), Springfield, Massachusetts, Merriam-Webster, Inc. 1992, S. 216.
36. Raphael Brown, Übersetzer, *The Little Flowers of St. Francis* ("Die kleinen Blüten des heiligen Franziskus"), New York, Doubleday 1958, S. 14.
37. *Pearls of Wisdom* ("Perlen der Weisheit"), Band 28, Nr. 9, S. 82.
38. Mark L. Prophet und Elizabeth Clare Prophet, *The Science of the Spoken Word* ("Die Wissenschaft des gesprochenen Wortes"), S. 44 f.

ÜBER DIE AUTOREN

Elizabeth Clare Prophet und Mark L. Prophet waren Pioniere auf dem Gebiet der Erforschung von Techniken zur praktischen Spiritualität, wie etwa der kreativen Kraft des Klanges für das persönliche Wachstum und zur Verwandlung der Welt. Eine große Auswahl ihrer Bücher ist in mehr als 30 Sprachen übersetzt worden und wird weltweit vertrieben.

Die bisher unveröffentlichten Werke von Mark L. Prophet und Elizabeth Clare Prophet werden nach wie vor von Summit University Press herausgegeben.

Elizabeth Clare Prophet & Mark L. Prophet

Seelenreisen zu den Refugien der Meister

Außerkörperliche Reisen zu den ätherischen Refugien. Die Möglichkeiten, an den Universitäten der Aufgestiegenen Meister zu studieren, übersteigen bei weitem diejenigen, die wir an den besten Einrichtungen auf Erden vorfinden.

Elizabeth Clare und Mark L. Prophet schildern in diesem Buch, wie wir durch Seelenreisen während des Schlafs ein größeres Maß an Erleuchtung, Inspiration und Führung erlangen. Dies hilft uns dabei, sowohl unsere alltäglichen Aufgaben besser zu meistern als auch unsere spirituelle Entwicklung zu vervollkommnen.

Die Seelenreisen zu den Refugien der Meister führen uns in eine Welt, die ebenso real ist wie jene, in der wir leben – nur wesentlich faszinierender.

128 Seiten, broschiert
ISBN 978-3-89845-370-7
€ [D] 6,95

Elizabeth Clare Prophet & Mark L. Prophet

Die Kraft des göttlichen Willens

Der erste Strahl der göttlichen Macht

Sieben göttliche Strahlen helfen uns dabei, uns mit dem Höheren Selbst zu vereinigen und unseren Aufstieg zu bewerkstelligen.

Der erste Strahl liefert die Energie, die einen Menschen dazu motiviert, sich ein Ziel zu setzen, und er hilft, dieses Ziel zu erreichen. Er steht am Anfang eines jeden spirituellen Weges, und erst die Verwirklichung auf diesem Strahl öffnet uns den Weg zu den folgenden sechs Strahlen. Diese meisterhafte Einführung in die göttlichen Strahlen hilft Ihnen, Ihren spirituellen Weg zu verwirklichen und den Aufstieg erfolgreich zu meistern.

160 Seiten, broschiert
ISBN 978-3-89845-356-1
€ [D] 6,95

Elizabeth Clare Prophet

Die kosmische Hierarchie

112 Seiten, broschiert
ISBN 978-3-89845-320-2
€ [D] 6,95

Dieses Einstiegsbuch zu den Weisheitslehren der Meister beschreibt die Existenz meisterlicher geistiger Wesen, die jenseits des Schleiers leben. Erfahren Sie mehr über die drei Reiche der kosmischen Hierarchie, den Kontakt zu kosmischen Wesen oder über die Hierarchen der sieben Strahlen.

Vertiefen Sie sich in die verborgenen Dimensionen des Lebens, und lernen Sie durch die Begegnungen mit den Meistern, wie auch Sie die göttlichen Eigenschaften des Willens, der Weisheit und der Liebe verkörpern können.

Elizabeth Clare Prophet

Das Reich der Engel

144 Seiten, broschiert
ISBN 978-3-89845-338-7
€ [D] 6,95

Engel kündigen wichtige Ereignisse an, retten Seelen und bringen uns Initiationen. Sie dienen in jedem Bereich des Lebens, sie möchten uns helfen, erleuchten, trösten, inspirieren, heilen und vor Gefahren warnen. Sie sind die verlässlichsten Freunde, die man haben kann ... und in den himmlischen Reichen wartet ein ganzes Heer von Engeln nur darauf, als Antwort auf unsere von Herzen gesprochenen Gebete und Anrufungen auf die Erde kommen zu dürfen.

Elizabeth Clare und Mark Prophet haben einige unverzichtbare Schlüssel übermittelt, um diese hilfsbereiten Freunde des Lichts um ihre Unterstützung zu bitten. Indem wir ihre vielen praktischen Tipps anwenden, können wir die Engel bewusst in unseren Alltag integrieren und sie um Hilfe für uns anrufen.

272 Seiten, broschiert
ISBN 978-3-89845-107-9
€ [D] 6,95

Elizabeth Clare Prophet & Patricia R. Spadaro

Chakren – Deine sieben Energiezentren

Dieses Buch vermittelt – basierend auf der Lehre vom feinstofflichen Energiesystem unseres Körpers – kraftvolle Einsichten und Werkzeuge, um wieder heil und ganz zu werden. Verschiedenste spirituelle Traditionen leiten uns an, wie wir unsere Seele über die sieben Schritte des persönlichen Wachstums voranbringen können. Ganzheitliche Techniken führen zur Wiederherstellung der energetischen Balance unseres Körpers – angefangen bei Homöopathie über Vitamine und Heilbäder bis hin zur Arbeit mit Meditationen, Affirmationen und Visualisierungen.

368 Seiten, Klappenbros.
ISBN 978-3-89845-374-5
€ [D] 18,95

Elizabeth Clare Prophet

Gefallene Engel unter uns

Der Kampf um den spirituellen Aufstieg

Ausgehend vom Buch "Henoch" zeigt Elizabeth Clare Prophet auf, dass die gefallenen Engel unter uns sind. Sie haben der Menschheit Krieg, religiösen Hass, Terrorismus, Epidemien, Wirtschaftskrisen und Klimaextreme gebracht. Die gefallenen Engel versuchen, nach der bereits gewonnenen Macht über das Finanzsystem nun auch die Kontrolle über den Planeten zu gewinnen. Elizabeth Clare Prophet zeigt, wie wir dies wieder umkehren und positive Veränderungen herbeiführen können. Sie führt uns hinter die Kulissen der Scheinwelt und zu einer schockierenden, doch zugleich hoffnungsvollen Aussicht auf die Zukunft. Ein spannendes Buch, das ein klares Licht auf das Mächtespiel der modernen Zeit wirft.

212 Seiten, mit farb. Abbildungen, broschiert
ISBN 978-3-89845-308-0
€ [D] 6,95

Claire Avalon

Die Lichtstrahlen der Aufgestiegenen Meister

Eine praktische Einführung

Jedes lebendige Wesen und alles, was in der irdischen Materie erschaffen wird, folgt den gleichen Gesetzen. Wir alle haben einen Lebensplan. Die kosmischen Lichtstrahlen sind dabei wie Energiebahnen, denen wir folgen. Doch wer hütet unseren Plan? Die Aufgestiegenen Meister sind unsere Partner auf der geistigen Ebene, und sie helfen uns, die Ziele unserer Seele zu erreichen. Die Lichtstrahlen der Aufgestiegenen Meister zeigen uns, wie wir unser Leben – auch im Sinne von Ursache und Wirkung – geerdet und spirituell ausrichten können.

256 Seiten, Klappenbr.
ISBN 978-3-89845-373-8
€ [D] 16,95

Claire Avalon

Sanat Kumara und die Weiße Bruderschaft

Die Heimkehr der neuen Erde

Sanat Kumara, die Aufgestiegenen Meister und die atlantischen Priester sind in diesem Buch vereint, um uns zu erklären, dass die Zeit der Wandlung gekommen ist. Sie geben die Anleitung, wie sich unser ursprüngliches Potenzial wieder in unserem Bewusstsein zeigen kann und wie wir neue Wege finden, die uns auf eine höhere Stufe führen.
Dieses Buch zeigt uns Entwicklungschancen, von denen wir bisher nichts ahnten. Ein Buch, das den Zugang zum höheren Bewusstsein öffnet und so unser wahres Potenzial aufzeigt.
Mit Übung zur Einstimmung der Chakren auf die Venusenergie.